COMÉDIES

EN VERS

PARIS. — IMPRIMERIE DE J. CLAYE

RUE SAINT-BENOIT, 7

CAMILLE DOUCET

COMÉDIES

EN VERS

TOME PREMIER

PARIS

MICHEL LÉVY FRÈRES, LIBRAIRES

RUE VIVIENNE, 2 BIS

1858

LE FRUIT DÉFENDU

COMÉDIE EN TROIS ACTES.

Représentée pour la première fois à Paris, sur le Théâtre-Français, le 23 novembre 1857.

PERSONNAGES

DESROSIERS.   MM. PROVOST.
LÉON DESROSIERS, son neveu.   DELAUNAY.
GUSTAVE DE VARENNE.   BRESSANT.
PAUL JALABERT.   RÉGNIER.
CLAIRE,   Mlles FIX.
MARGUERITE, } nièces de Desrosiers.   ÉDILE RIQUER.
JEANNE.   ÉMILIE DUBOIS.
FANNY.   EMMA FLEURY.
MARIANNE.   DELILLE.
DOMESTIQUES.

Le 1er acte, à Melun, chez M. Desrosiers.

Le 2e acte, à Brunoy, chez M. de Varenne.

Le 3e acte, à Paris, chez M. Jalabert.

LE FRUIT DÉFENDU

ACTE PREMIER

Salle à manger élégante. — Au milieu, grande table à manger garnie. — Cheminée à gauche, sur le premier plan; croisée à droite; deux petites tables, l'une à droite, l'autre à gauche. — Deux consoles de chaque côté de la porte du milieu. — Porte au fond. — Deux portes dans les angles.

SCÈNE PREMIÈRE.

DESROSIERS, DE VARENNE,
JALABERT, CLAIRE, MARGUERITE, JEANNE.

Ils sont tous à table.

DESROSIERS.

A boire... à la santé des quatre mariés!

DE VARENNE, levant son verre.

Monsieur...

JALABERT, de même.

Monsieur...

DESROSIERS.

Monsieur!... cher oncle Desrosiers,
S'il vous plaît!... vous voilà mes neveux l'un et l'autre;

Appelez-moi cher oncle, et trinquons... à la vôtre !...
Pour ma vieille manie il faut être indulgents...
J'aime à trinquer... surtout avec les jeunes gens !...
C'était l'usage antique, et très-bon, chez nos pères,
Les cœurs se rencontraient alors, comme les verres !
Aujourd'hui, ce n'est plus la mode, je le sais;
On salue à l'anglaise, on a les yeux baissés,
On tremble de montrer sa figure vermeille;
Quand la bouteille est vide, on cache la bouteille !
Je ne dis pas cela par orgueil, mes enfants ;
Vous valez mieux que moi, vous n'avez que trente ans !...
Il m'est permis du moins, ayant deux fois vos âges,
D'être pour le vin vieux, et pour les vieux usages !
Ainsi, c'est convenu, je bois, et de bon cœur,
A la double union des filles de ma sœur ;
Chères nièces, pour moi cette heure est solennelle,
Mon amitié vous doit ses comptes de tutelle...
Votre mère en mourant me légua tout son bien...
Trois filles sans fortune, à moi qui n'avais rien.

MARGUERITE.

Mon oncle...

DESROSIERS.

J'acceptai bravement l'héritage ;

ACTE I, SCÈNE I.

Pour vous, avec bonheur, je me mis à l'ouvrage,
Quittant cette maison, où j'étais né jadis,
Pour les eaux du Mont-Dore avec vous je partis ;
Là, le nouveau docteur et ses petites filles
Firent sensation... Vous étiez si gentilles !...
Je ne valais pas mieux qu'un autre assurément ;
Mais, dès que l'on vous vit, on me trouva charmant ;
La mode avec fureur m'adopta tout de suite,
Tant votre bonne grâce augmentait mon mérite ;
Il semblait que chacun se fût fait une loi
De ne pouvoir guérir ni mourir que par moi ;
Si bien qu'après dix ans d'excellentes affaires,
Je revins ici... pauvre... et vous millionnaires !
Oui, de tout cet argent je ne suis pas jaloux :
Je n'eusse pas été le gagner là sans vous !...
Prenez-le, faites-en trois parts pour mes trois filles ;
Bientôt, à votre tour, vous aurez des familles !...
Le troisième mari, j'espère, n'est pas loin ;
Prenez donc cet argent dont vous aurez besoin.
Pas de remercîments surtout, je vous en prie ;
Faire votre bonheur est ma coquetterie.
Pour que vos deux maris fussent dignes de vous,
J'ai suivi vos instincts et consulté vos goûts...

Vive, aimant le plaisir, dans l'hôtel de Varenne,
Claire, à Paris, vivra comme une Parisienne;
Tandis que, campagnarde encore plus que moi,
Marguerite s'installe au château de Brunoy...
Il faudra bien qu'un jour Jeanne aussi m'abandonne;
Jusque-là, je te garde à Melun, ma mignonne;
Ainsi, chacun de nous, fidèle à ses penchants,
Habitera Paris, la province et les champs...
Je resterai souvent seul ici, mais ma porte
Sera toujours ouverte aux enfants qu'on m'emporte;
Tout ce que je demande en mon dernier adieu,
Moi qui les aime tant, c'est qu'ils m'aiment un peu!...
— J'ai dit!... Pour ce long speech je vous demande grâce,
Et votre vieil ami tous les cinq vous embrasse!...
Maintenant la gaîté doit reprendre son cours,
Assez d'apologie et de fades discours !
Livrons-nous sans contrainte au bonheur, à la joie!...

On sonne dehors.

Bien!... voilà quelque ami que le ciel nous envoie!

On enlève la table à manger.

MARGUERITE.

De Marseille!

DESROSIERS.

Hélas! non... je l'avais espéré,

Mais mon frère est souffrant.

CLAIRE.

Sous sa femme enterré,
Mon oncle est mort pour nous.

DESROSIERS.

Claire !

CLAIRE.

Je vous conseille
De l'oublier.

DESROSIERS.

Melun est bien loin de Marseille.

CLAIRE.

Mais Paris est bien près de Melun, et son fils,
Mon cher cousin, qui n'a rien à faire à Paris...

JEANNE.

Il fait son droit.

CLAIRE.

Son droit !... il fait comme son père...
C'est un ingrat.

DESROSIERS.

Tais-toi !

FANNY, entrant, à Desrosiers.

Monsieur, c'est le notaire.

DESROSIERS.

Déjà! Fais-le monter; je vais le recevoir
Dans ma chambre.

Aux maris.

Avant vous, j'ai besoin de le voir;
Nous avons à causer. Vite, mesdemoiselles,
Pour la cérémonie allez vous faire belles.

A Fanny.

Si quelqu'un me demande encore, préviens-moi.

Fanny sort.

SCÈNE II.

DESROSIERS, DE VARENNE, JALABERT.

JALABERT, bas à de Varenne.

De Varenne, comment trouves-tu l'oncle?

DE VARENNE, bas.

Et toi?

DESROSIERS.

Entre nous, mes amis, vos femmes sont parfaites;
Il semble que pour vous exprès on les ait faites...

<small>A Jalabert.</small>

Ce brave Jalabert, combien je l'aimerai !
Du commerce des grains à trente ans retiré,
Propriétaire heureux d'un château qu'il habite...
C'est juste le mari que voulait Marguerite.

<small>A de Varenne.</small>

Pour de Varenne aussi plein d'admiration,
J'aime en lui le sportman, le dandy, le lion,
Et vois avec plaisir que ma petite Claire
Aussi bien que sa sœur a trouvé son affaire !
Donc, tout est pour le mieux !... mais songeons aux contrats !...
Je n'ai qu'un mot à dire... et vous n'y perdrez pas.

<small>Il sort.</small>

SCÈNE III.

DE VARENNE, JALABERT.

<small>JALABERT, à part, à droite.</small>

Marguerite aime trop les champs... cela m'ennuie !...

<small>DE VARENNE, à part, à gauche.</small>

Du monde et des plaisirs Claire a trop la manie.

<small>JALABERT.</small>

Diable d'oncle !...

DE VARENNE.

Cela m'inquiète... à Paris,
Je connais les dangers que courent les maris.

JALABERT.

Je connais les dangers qu'on court à la campagne.

DE VARENNE.

Je ne sais pas pourquoi je crains...

JALABERT.

La peur me gagne...

DE VARENNE.

Las de bien vivre... las d'user et d'abuser,
Je ne me mariais que pour me reposer...

JALABERT.

Après trente ans d'exil, las de la solitude,
M'emprisonner encor me semblerait trop rude.

DE VARENNE.

Il faut se bien montrer dès le commencement.

JALABERT.

Dès le principe, il faut se poser carrément.

DE VARENNE.

Jalabert, à Brunoy, penses-tu qu'il existe
Quelque petit château solitaire, un peu triste,

Où, fuyant les dangers de la ville et ses bruits,
On puisse vivre en paix?...

JALABERT.

De Varenne... à Paris,
Saurais-tu quelque hôtel de la grande tournure,
Où l'on puisse gaîment faire bonne figure?

DE VARENNE.

Une habitation plantée à travers champs,
Où l'on soit à l'abri des sots et des méchants?

JALABERT.

Une de ces maisons élégantes et faites
Pour recevoir grand monde et pour donner des fêtes?

DE VARENNE.

Tu voudrais acheter un hôtel?

JALABERT.

Tu voudrais
Acheter un château triste où l'on meure en paix?

DE VARENNE.

Tu connais mon hôtel dans les Champs-Élysées?

JALABERT.

Tu connais mon donjon aux tourelles brisées?

DE VARENNE.

Il est neuf...

JALABERT.

Il est vieux et laid...

DE VARENNE.

Il est fort beau !

JALABERT.

J'achète ton hôtel !

DE VARENNE.

J'achète ton château !

JALABERT.

C'est fait...

DE VARENNE.

Marché conclu... Mais nos femmes...

JALABERT.

La tienne
Se plaindra?

DE VARENNE.

Pas du tout.

JALABERT.

Je suis sûr de la mienne.
Je vais la prévenir, tout net, sans marchander ;

ACTE I, SCÈNE III.

Elle me répondra : J'allais le demander.

DE VARENNE.

Tu crois?

JALABERT.

Parbleu!

DE VARENNE.

Je vais aussi prévenir Claire.

JALABERT, à part.

Pauvre garçon! je crains un accès de colère.

DE VARENNE, à part.

Ça n'ira pas tout seul.

FANNY, entrant.

Messieurs...

JALABERT, à la porte de droite.

Bien! Après toi,
Propriétaire heureux du château de Brunoy!

DE VARENNE.

De l'hôtel de Varenne heureux propriétaire,
Après toi!

JALABERT.

Tu n'as pas de regrets?

DE VARENNE.

Au contraire.
Ce cher Paul...

A part.

Je vais donc enfin me reposer !

JALABERT.

Ce cher Gustave...

A part.

Enfin, je vais donc m'amuser !

Ils sortent.

SCÈNE IV.

FANNY, puis LÉON.

FANNY.

Je ne suis pourtant pas méchante, d'ordinaire ;
Mais ces messieurs ont bien l'honneur de me déplaire.
Moi, qui cherche un mari, j'espère trouver mieux...
Ils m'ont l'air ennuyé... c'est-à-dire ennuyeux.
Quand il n'est pas très-gai, le mariage est triste.

LÉON.

Bonjour !

FANNY.

Monsieur Léon !... vous existez !

ACTE I, SCÈNE IV.

LÉON.

J'existe.

FANNY.

Après six mois d'absence... ingrat!

LÉON.

Cinq!... dans trois jours!...

FANNY.

Vous que l'on aimait tant!

LÉON.

Et qu'on aime toujours!

FANNY.

Non, monsieur... tout le monde à présent vous déteste ;
Vous allez aujourd'hui jouir de votre reste...
A-t-on jamais rien vu d'aussi léger que vous !...

LÉON.

Moi!

FANNY.

Vous ne sortiez pas autrefois de chez nous...

LÉON.

J'y reviens!...

FANNY.

De quel nom voulez-vous qu'on vous nomme!...

Vous êtes un oiseau !... vous n'êtes pas un homme !
Pourquoi subitement vous envoler ainsi,
Quand vous pouviez si bien rester tranquille ici ?
Votre oncle...

LÉON.

M'adorait... d'accord...

FANNY.

Ces demoiselles...

LÉON.

Aussi... trop!... que veux-tu, j'ai vingt ans!... avec elles
Mon oncle ne parlait que de me marier...
On ne se laisse pas égorger sans crier !...

FANNY.

Oh!...

LÉON.

Avant d'en finir, j'ai voulu voir le monde...
Je l'ai vu!... c'est toujours, plus ou moins, brune ou blonde,
La même femme!... avec les mêmes yeux toujours!...
Avec le même cœur et les mêmes amours !...
Prêt à trouver tout bien, tout bon, tout agréable,
Je rentre au nid, pareil au pigeon de la fable ;
Mon éducation est faite désormais ;

ACTE I, SCÈNE IV.

Ma thèse, par malheur, ne le sera jamais!
De prendre un grand parti pour peu que l'on me presse,
Je me sens ce matin en veine de sagesse...
Je ne suis qu'un oiseau, dit-tu... je le veux bien!...
Mais un oiseau joyeux qui n'a plus peur de rien!...
Qui rentre de lui-même, en chantant, dans la cage...

FANNY.

Sauf à partir demain pour un nouveau voyage.

LÉON.

Non! je m'enterre ici!... tu n'iras plus au bois,
Pauvre oiseau, qu'on nommait Chérubin autrefois!...
Mon oncle, je le sais, conspire avec mon père:
Ils veulent mon bonheur... soit... je me laisse faire,
Qu'on me traîne à l'autel...

FANNY.

Il est bien temps!

LÉON.

Pourquoi?
Que se passe-t-il donc?...

FANNY.

Vous savez...

LÉON.

>Non, ma foi,

Je ne sais pas du tout!...

FANNY.

>Allons, vous voulez rire...

Votre oncle, qui ne manque à rien, a dû vous dire...

LÉON.

J'ai reçu seulement hier ce mot de lui :
« Je t'attends à Melun, demain. » — C'est aujourd'hui...
Et me voilà!... De quoi s'agit-il?...

FANNY.

>D'une affaire ..

Que vous expliquera votre cousine Claire...
Elle vient. Je n'ai pas le temps de babiller.
Adieu, monsieur Léon... je m'en vais m'habiller! —

SCÈNE V.

LÉON, CLAIRE.

LÉON.

Claire!

CLAIRE.

>Léon!

ACTE I, SCÈNE V.

LÉON.

Mon Dieu, comme te voilà belle !

CLAIRE.

C'est le jour ou jamais... tenue officielle !
Tu ne comprends pas ?

LÉON.

Non.

CLAIRE.

Fais-moi ton compliment...
Je me marie !...

LÉON.

Oh ciel !... toi !... vous !...

Il tombe sur une chaise, à côté de la petite table, à gauche.

CLAIRE.

Certainement !
Qu'as-tu donc ?...

LÉON.

Rien... pardon... je ne sais...

CLAIRE.

C'est étrange...
Veux-tu de l'eau sucrée et de la fleur d'orange ?...

LÉON.

Non... une goutte d'eau seulement...

CLAIRE.

En voici.

Cela te calmera... pauvre cousin...

LÉON.

Merci !

C'est la chaleur...

CLAIRE.

Veux-tu que j'ouvre la fenêtre...

Elle l'ouvre.

LÉON.

De mon émotion je n'ai pas été maître...
Je suis venu très-vite, et puis, en arrivant,
La surprise... cela me prend assez souvent...
C'est bête, n'est-ce pas?... ainsi donc, ma cousine...

CLAIRE.

J'épouse un beau garçon, jeune, de bonne mine,
Riche, élégant... monsieur de Varenne... A Paris
Nous allons vivre... il a des chevaux de grand prix,
Il fait courir... cela m'amusera... j'adore
Tout ce que je n'ai pas et tout ce que j'ignore...
Le bruit, le mouvement, le luxe, le plaisir !...

LÉON.

C'est la vie !...

ACTE I, SCÈNE V.

CLAIRE.

A Paris, nous n'aurons qu'à choisir...
Quant à vous qu'on ne voit que lorsque l'on s'amuse,
Pour nous abandonner vous n'aurez plus d'excuse;
Fi! monsieur... non, je suis ce matin en bonté,
Je te pardonne... On rit de ma légèreté,
On a tort... ma raison vaut mieux que ma parole;
Le proverbe dit vrai... Bon cœur et tête folle...
Adieu... je vais signer... tu viendras, n'est-ce pas?
Adieu, cousin...

LÉON.

Elle est charmante!

CLAIRE.

Tu viendras?...

Elle sort.

SCÈNE VI.

LÉON, seul; puis MARGUERITE.

LÉON.

Charmante!... c'est-à-dire adorable, divine!...
L'esprit le plus brillant, la grâce la plus fine;
Et moi qui l'avais prise en grippe l'an dernier,

Quand mon oncle avec moi voulait la marier !
Maintenant, on dirait que son bonheur m'irrite,
Que sa gaîté me blesse... Ah ! bonjour, Marguerite !...

MARGUERITE.

Bonjour, Léon ! j'étais sûre que tu viendrais ;
Je l'avais parié, tant je le désirais !...
Quoique mon cher cousin soit un peu malhonnête,
Notre fête sans lui n'eût pas été complète...
Six mois absent ! enfin, j'ai gagné mon pari ;
Te voilà !... tout est bien !... as-tu vu mon mari ?...

LÉON.

Ton mari !... le mari de Claire, tu veux dire ?...

MARGUERITE.

Le mien aussi...

LÉON.

Le tien !... quoi !... ce n'est pas pour rire ?...

MARGUERITE.

Pour signer mon contrat le notaire m'attend...

LÉON.

Tu te...

MARGUERITE.

Je me marie aujourd'hui, dans l'instant.

ACTE I, SCÈNE VI.

LÉON.

Toi!... se peut-il?...

<small>Il tombe sur une chaise, à côté de la petite table, à droite.</small>

MARGUERITE.

Mon Dieu, qu'as-tu donc?

LÉON.

         Rien.

MARGUERITE.

         Que faire?...

Veux-tu boire un peu d'eau?...

LÉON, <small>achevant le verre qu'il a commencé.</small>

        Merci, j'ai mon affaire!...

C'est le froid!...

MARGUERITE.

     Comprend-on qu'on ait ouvert ici!

<small>Elle ferme la fenêtre.</small>

Tu vas mieux, n'est-ce pas, pauvre cousin?...

LÉON.

           Merci!

Un peu mieux... ça revient... Ainsi donc, ma cousine...

MARGUERITE.

J'épouse un bon garçon, pas très-beau, d'origine
Modeste, comme moi; loin du monde élevé,

Comme moi... le mari que j'ai toujours rêvé!...
Nos deux simplicités sont faites pour s'entendre...
Il a près de Corbeil des moulins qu'il va vendre,
Et désormais, contents d'être seuls, à Brunoy,
Nous vivrons dans les champs qu'il aime... comme moi!

LÉON.

C'est le bonheur!...

MARGUERITE.

Chez nous, je te garde une place,
Si jamais ton Paris, dont j'ai si peur, te lasse!...
Dans tes jours de fatigue et d'ennui, tu viendras
Te reposer chez nous... tu viendras, n'est-ce pas?...

Elle sort.

SCÈNE VII.

LÉON, seul.

On n'est pas plus aimable! on n'est pas plus gentille!
C'est incroyable... on quitte une petite fille
Sans grâce, sans esprit, sans rien de ce qui plaît,
On s'éloigne six mois, et... changement complet!...
Le jour où l'on revient, l'enfant est une femme!...
Le printemps, la jeunesse ont soufflé sur son âme!
Son front d'ange reflète un rayon de soleil!...

Ce jour-là, l'ange... épouse un meunier de Corbeil !...
C'est bien fait !... je pouvais choisir tout à mon aise ;
Que ce soit Marguerite ou Claire qui te plaise,
Parle, disait mon oncle ; et, sans répondre un mot,
J'ai, devant le bonheur, déserté comme un sot !...
Aujourd'hui, tout le monde à mes dépens va rire...
Mon cher oncle n'a pas oublié de m'écrire ;
Fier de les marier devant moi, sous mes yeux ;
Toutes deux à la fois !... Que dis-je toutes deux !...

Apercevant Jeanne.

Toutes trois !... Jeanne aussi que j'avais oubliée,
La voilà !... la voilà superbe !... en mariée !...

SCÈNE VIII.

LÉON, JEANNE.

LÉON, à Jeanne, très-vivement.

Adieu !... je te fais bien mon compliment !

JEANNE.

De quoi ?

LÉON.

Il est jeune, il est riche, il est beau... comme toi !...
Tant mieux !... C'est un meunier, un marchand, un notaire,
Un lion !... A Paris, tu vivras comme Claire !

Ou, comme Marguerite, à Brunoy, dans les champs!
J'exècre les lions, les meuniers, les marchands,
Les notaires!... Enfin, tout ce que l'on épouse!
Adieu!... Tu ris...

JEANNE.

Je ris de ta fureur jalouse...
Qu'est-ce que ça te fait qu'on se marie, ou non?
De moi, pour le moment, il n'est pas question.

LÉON, refroidi.

Ah!

JEANNE.

Dans un an ou deux, si quelqu'un se présente
Qui daigne m'épouser, j'en serai très-contente...

A part.

Attrape!

LÉON, à part.

Au fait, ce n'est qu'un enfant!... à côté
De ses deux grandes sœurs : la grâce et la bonté...
Marguerite si douce, et Claire si jolie!

JEANNE.

Faisons-nous la paix?...

LÉON.

Non!

JEANNE.

La réponse est polie.

SCÈNE IX.

LES MÊMES, DESROSIERS.

LÉON.

Mon oncle!

DESROSIERS.

Ah! te voilà!...

LÉON.

Bonjour, mon oncle, adieu!...
Je retourne à Paris.

DESROSIERS.

Eh! pourquoi ça, mon Dieu!

LÉON.

Je ne demandais pas à venir... au contraire...
Pour vendredi prochain, j'avais ma thèse à faire,
J'étais heureux, content, ne me doutant de rien,
Quand votre lettre hier m'est arrivée.

DESROSIERS.

Eh bien...
Après!

LÉON.

Après... je viens de voir mes deux cousines.

DESROSIERS.

Comment les trouves-tu?

LÉON.

Je les trouve divines!

DESROSIERS.

N'est-ce pas?

LÉON.

Et je suis d'une fureur!

DESROSIERS.

Comment?...

LÉON.

Pourquoi les marier?...

DESROSIERS.

Sans ton consentement!
Je ne te les ai pas toutes deux proposées?...
Tu ne me les as pas toutes deux refusées?

LÉON.

C'est-à-dire...

DESROSIERS.

Voyons, vilain enfant gâté,

Rentre un peu dans le calme et dans la vérité ;
Pour une illusion, à tort, tu te tourmentes ;
Depuis quand trouves-tu tes cousines charmantes,
Toi qui faisais le fier, quand je te les offrais?
Depuis que des maris sont là, des maris vrais ;
La contradiction tourne toutes les têtes ;
Ces deux cousines-là pour toi n'étaient pas faites ;
Malgré leur gentillesse et malgré leur vertu!...
Tu ne les aimes pas.

LÉON.

Mais...

DESROSIERS.

Laquelle aimes-tu?
Quand on en aime deux, on n'en aime pas une.

LÉON.

Mon oncle!...

DESROSIERS.

Cher enfant, ma raison t'importune.
Pardon... si j'ai le cœur de plaisanter ainsi,
C'est que tout peut encor s'arranger, Dieu merci ;
Jamais de mon trésor je n'ai fait le partage,
Jamais je n'ai rêvé le moindre mariage,
Sans songer que mon frère, heureux quand je le suis,

A la meilleure part avait droit pour son fils.
Rassure-toi... Tandis que ton ingratitude
Accuse un vieil ami, plein de sollicitude,
Ma pauve Jeanne est là, tremblante, et ne sachant
Ce qui rend aujourd'hui son cousin si méchant...
Viens donc, Jeanne...

Bas à Léon.

Regarde... As-tu vu dans le monde
Rien de plus ravissant que cette tête blonde...
Et ce cher petit cœur?... un ange du bon Dieu!...
Voilà ce qu'il te faut...

LÉON.

Adieu, mon oncle, adieu!...

DESROSIERS.

Non pas, mauvais sujet...

JEANNE.

Qu'a-t-il donc?...

DESROSIERS.

Il plaisante...
Voici nos mariés, viens que je te présente.

SCÈNE X.

Les Mêmes, DE VARENNE, JALABERT.

JALABERT, bas à de Varenne.

Eh bien ! est-ce arrangé ?

DE VARENNE, bas.

Je n'ai rien dit.

JALABERT.

Ni moi...

DE VARENNE.

Au moment de parler, j'ai...

JALABERT.

J'ai fait comme toi !

DESROSIERS, bas à Léon.

Comment les trouves-tu ?...

LÉON, bas.

Laids !

DESROSIERS

Lequel ?...

LÉON.

L'un et l'autre...

DESROSIERS.

Fi!... Messieurs, le cousin de vos femmes... le vôtre...
Léon Desrosiers, fils de mon frère, avocat,
C'est-à-dire avocat en herbe...

JALABERT, saluant Léon.

Bel état!

DE VARENNE, saluant Léon.

Monsieur...

DESROSIERS, présentant Jalabert à Léon.

Paul Jalabert, mari de Marguerite...

LÉON, à part.

L'ancien meunier...

Saluant.

Monsieur...

A part, regardant de Varenne.

Le lion émérite...

DESROSIERS, présentant de Varenne.

De Varenne, mari de Claire...

LÉON, saluant.

J'ai l'honneur...
D'être votre...

DESROSIERS.

Cousin!...

LÉON.

Et votre serviteur...

JALABERT.

Je suis flatté, monsieur...

DE VARENNE.

Monsieur, je suis bien aise...

DESROSIERS, à de Varenne en lui montrant Léon, bas.

Gentil garçon...

Haut.

Vingt ans dans huit jours...

A Jeanne.

Et toi, seize!...

JALABERT, à Léon.

Si vous aimez Paris, monsieur...

LÉON.

Moi, pas beaucoup...

DE VARENNE, à Léon.

Si vous aimez les champs, monsieur...

LÉON.

Moi... pas du tout!...

DE VARENNE, à part.

C'est un petit faquin.

JALABERT à part.

C'est un sot.

DESROSIERS.

Et vos femmes,
Qu'en avez-vous donc fait?...

A Jeanne.

Jeanne, préviens ces dames...

JALABERT, à Jeanne.

Quand on pourra venir, chère petite sœur,
Je vous avertirai.

JEANNE.

J'entends... Avec douceur,
C'est me dire : Va-t'en, vilaine curieuse,
Tu nous gênes... Bonjour...

A Léon, prenant son bras.

Viens.

LÉON, à part, sortant avec Jeanne.

Est-elle ennuyeuse !...

SCÈNE XI.

DESROSIERS, DE VARENNE, JALABERT, FANNY,

DOMESTIQUES.

FANNY, dehors, à droite.

Attendez là !...

ACTE I, SCÈNE XI.

Entrant.

Messieurs, on apporte pour vous
Des coffres, des cartons, des robes, des bijoux !

JALABERT.

Qu'on les monte !

DESROSIERS, à Fanny.

Ce sont sans doute les corbeilles ?

FANNY.

Oui, monsieur, je n'en ai jamais vu de pareilles.
Cela me raccommode avec eux.

JALABERT, au fond.

Par ici !

Les domestiques déposent des cartons sur la table à droite; un grand coffre noir sur la table à gauche.

FANNY.

Par ici. Pour monsieur de Varenne...

DE VARENNE.

Merci !
Suis-je bête d'avoir acheté tant de choses !

DESROSIERS.

Dieu ! les beaux cartons blancs !

FANNY.

Les belles faveurs roses !

DE VARENNE, à droite.

Pour vivre à la campagne, à quoi bon tout cela?

JALABERT, à gauche.

Comment diable ai-je pu choisir ces horreurs-là :

DESROSIERS, à Jalabert.

Peut-on regarder?

JALABERT.

Oui... ce n'est ni beau ni rare...

DESROSIERS, à part.

Le caractère en tout et partout se déclare.

JALABERT.

C'est trop provincial pour des Parisiens;
Les femmes aiment mieux ces jolis petits riens.

DESROSIERS.

Là des frivolités, ici du confortable.

JALABERT.

Si j'osais... pourquoi pas?

DESROSIERS.

L'utile et l'agréable !...

JALABERT, à de Varenne, bas.

Tous ces colifichets ne sont plus bons pour toi,
Si tu quittes Paris...

DE VARENNE.

Tiens, c'est vrai !...

JALABERT.

Vends-les-moi.

DE VARENNE.

Volontiers... mais alors...

JALABERT, lui montrant son coffre.

Si cela peut te plaire,
Changeons...

DE VARENNE.

Changeons...

A part.

Je fais une excellente affaire...

DESROSIERS.

Vous savez qu'à midi le maire nous attend...

JALABERT.

Nous sommes prêts.

DESROSIERS.

Bravo! c'est parfait! c'est charmant!
Chaque sœur aura là de quoi se satisfaire...
A Jalabert.
Merci pour Marguerite...

A de Varenne.

Et vous, merci pour Claire.

DE VARENNE.

Permettez... nous avons réfléchi, Paul et moi.

JALABERT.

Je vais vivre à Paris.

DE VARENNE.

Je vais vivre à Brunoy.

JALABERT.

Je vous expliquerai notre plan de conduite.

DE VARENNE, montrant le coffre noir.

Voilà pour Claire...

DESROSIERS.

Ça!...

JALABERT, montrant les objets étalés à droite.

Voilà pour Marguerite...

DESROSIERS.

Ça!... voyons, mes enfants, pas de confusion... Vous dites...

JEANNE, à la porte.

Pouvons-nous entrer?...

DESROSIERS, à Jeanne.

Pas encor!... non!...

Reprenant.
Vous dites...

A Jeanne.
Pas encor !

Reprenant.
En vous j'ai confiance,
Je suis heureux, je suis fier de votre alliance ;
Mes nièces, quand leur oncle a répondu de vous,
Sans hésitation vous ont pris pour époux :
Vous faisant leurs portraits, et leur faisant le vôtre,
Je n'ai rien déguisé d'un côté ni de l'autre ;
De leurs petits défauts je vous ai prévenus,
Leurs goûts, que vous aimiez d'abord, vous sont connus ;
Quand tout semble si bien arrangé pour vous plaire,
Ne sacrifiez pas leur bonheur.

DE VARENNE.
Au contraire...

JALABERT.
Vous ne connaissez pas les femmes, cher docteur.

DE VARENNE.
Vous ne connaissez pas les caprices du cœur...

JALABERT.
Avec ses dix-huit ans, son esprit et sa grâce,
Marguerite, à Paris, tiendra très-bien sa place.

DE VARENNE.

Avec ses qualités, sa raison, son bon goût,
Claire se trouvera parfaitement partout.

JALABERT.

Rassurez-vous.

DE VARENNE.

N'ayez aucune inquiétude.

JALABERT.

J'ai fait de la campagne une très-longue étude,
Elle a pour les maris de dangereux loisirs.

DE VARENNE.

Je sais Paris par cœur, et je crains ses plaisirs...

JALABERT.

Quand on ne sait que faire et qu'on ne voit personne,
Pour le premier venu le cœur se passionne.

DE VARENNE.

Quand on vit au milieu d'un tas de garnements,
On finit tôt ou tard par les trouver charmants.

JALABERT.

J'ai vu cela.

DE VARENNE.

J'en ai fait l'épreuve moi-même.

JALABERT.

Je veux aimer ma femme et que ma femme m'aime!...

DE VARENNE.

Je veux, à l'univers devenant étranger,
Dans mon ménage heureux, vivre seul sans danger!

JALABERT.

Si j'ai tort, dites-le, cher oncle, je vous prie.

DE VARENNE.

Cher oncle Desrosiers, voilà ma théorie!

DESROSIERS, à part.

Ils disent tous les deux le contraire... et pourtant
Ils le disent si bien que c'en est irritant.
Je trouve également mauvais leurs deux systèmes,
Mais enfin, ils sont d'âge à se conduire eux-mêmes.

Haut.

Arrangez-vous... Chacun pour sa femme et pour soi...
Puisse votre bonheur ne donner tort qu'à moi!

DE VARENNE.

Bien dit!

DESROSIERS.

Et maintenant... midi!... Mesdemoiselles,
Mesdames!...

SCÈNE XII.

Les Mêmes, CLAIRE, MARGUERITE, JEANNE,
puis LÉON.

JEANNE, entrant.

Je voudrais être grande comme elles...

Elle regarde la corbeille à droite.

Venez donc! Que c'est beau! voyez!

JALABERT, à Marguerite.

Qu'en dites-vous?

MARGUERITE.

C'est toujours trop pour moi. Merci...

CLAIRE, à de Varenne.

Les beaux bijoux!...

DE VARENNE, à part.

Diable!

DESROSIERS, prenant Claire et Marguerite sous son bras. — A demi-voix.

Nous causerons en revenant ensemble;

Jeanne écoute.

Ne vous effrayez pas, cela n'est rien...

A part.

J'en tremble!...

Haut.

Vos maris... au total, ils font peut-être bien;

C'est leur goût... je comprends que chacun ait le sien,
Désirent... c'est pour vous un devoir de les suivre...
Modifier un peu leur manière de vivre...

<small>A Claire.</small>

Avant de retourner à Paris avec toi,
Le tien veut demeurer quelque temps à Brunoy...

<small>A Marguerite.</small>

Le tien veut de Paris te montrer les merveilles...
Je crains qu'ils n'aient tous deux mal choisi vos corbeilles;
Mais vous les changerez, si cela vous convient...

<small>A Marguerite.</small>

Voici la tienne...

<small>A Claire.</small>

Et toi, celle-ci t'appartient...

<small>Mouvement des deux sœurs.</small>

Ce n'est pas un exil pour vous; c'est un voyage;
Il s'agit d'une année ou deux, pas davantage...

JEANNE.

Ou trois!... pourquoi pas vingt!... C'est une indignité !
Il fallait prévenir... on aurait hésité...

DESROSIERS.

Jeanne!...

<small>Aux maris.</small>

Allons.

DE VARENNE, à Claire.

Fiez-vous à mon expérience...

JALABERT, à Marguerite.

Ayez dans ma tendresse un peu de confiance.

MARGUERITE.

Je vous crois.

JALABERT.

A Paris, tout amuse à la fois!...

DE VARENNE, à Claire.

Le plaisir ne vaut pas le bonheur...

CLAIRE.

Je vous crois.

JALABERT, à Desrosiers.

Vous le voyez, cela va tout seul, quand on s'aime...

Ils sortent.

JEANNE, à part.

J'aurai soin de choisir ma corbeille moi-même...

DESROSIERS, à Léon.

Eh bien, mauvais sujet, qu'en dites-vous ?

LÉON.

Moi ?... rien.
Vous trouvez ces messieurs charmants, vous faites bien.

Leurs femmes, comme vous, font bien d'en être éprises ;
L'un est un paysan qui fera des sottises,
L'autre un Parisien, qui s'est bien amusé ;
L'un est trop innocent, et l'autre est trop blasé.

DESROSIERS.

Tais-toi, je te défends d'en parler de la sorte !

LÉON.

Alors ils sont parfaits...

DESROSIERS.

Que le diable t'emporte !...

Il sort.

LÉON.

Si jamais je reviens dans cette maison-ci !

Apercevant Jeanne près de lui.

Encore !...

JEANNE, prenant son bras.

C'est égal, tu vaux mieux qu'eux...

LÉON.

Merci !...

Ils sortent.

FIN DU PREMIER ACTE.

ACTE DEUXIÈME

Château à droite avec perron. — Bosquet à gauche. — Dans le milieu, près du bosquet, un grand arbre, et, au-dessous, un banc, des chaises, une table ronde.

SCÈNE PREMIÈRE.

DE VARENNE, CLAIRE, assise sous le bosquet, un livre tombé à côté d'elle.

DE VARENNE, examinant Claire.

Plus maussade et plus triste encor qu'à l'ordinaire!... Certainement elle a quelque chose.

Haut.

Hé bien, Claire, qu'est-ce que nous ferons jusqu'au dîner?

Silence.

Tu dors?

CLAIRE.

Non.

DE VARENNE.

A part.

Son livre l'amuse énormément.

Haut.

Je sors... Si j'allais me baigner? non, l'idée est mauvaise,

Je viens de déjeuner... très-mal, par parenthèse.
Si j'allais pêcher?... diable... encore des goujons,
Comme hier, plus j'en prends et plus nous en mangeons.
Léon n'arrive pas! est-il insupportable!...
Il aura trop dansé cette nuit... c'est probable...
Hier, en s'en allant, il t'a dit comme à moi...
N'est-ce pas qu'il viendrait par le premier convoi?
C'est celui-là qu'il prend tous les matins... Que faire?
L'attendre ou bien... Voyons... veux-tu, pour te distraire,
Venir te promener jusqu'à la station?
Nous le rencontrerons, j'espère... viens-tu?

CLAIRE.

Non...
Je reste.

DE VARENNE, à part.

En quatre mois, quelle métamorphose!
Je ne sais ce qu'elle a, mais elle a quelque chose.
Je ne vois pourtant rien qui puisse l'affliger,
Jamais personne ici ne vient nous déranger,
Pas d'importuns, jamais d'ennuyeuses visites...
Seuls, au milieu des champs, nous vivons en ermites!
Ce bon petit Léon ne peut pas la gêner,
Il s'en va tous les jours après le déjeuner;

48 LE FRUIT DÉFENDU.

Vingt fois je l'ai prié de rester davantage,
Mais vainement; monsieur a toujours de l'ouvrage!
Monsieur fait et refait sa thèse!... De mon temps
J'employais un peu mieux que cela mes vingt ans.
Enfin, il est gentil, je l'aime, et sa cousine
Jusqu'ici lui faisait à peu près bonne mine...
A sa mauvaise humeur loin de contribuer,
Il ne pourrait, je crois, que la diminuer.
S'il lui déplaît pourtant, bien qu'il me divertisse,
Je ferais au repos ce dernier sacrifice.
Quand on parle du loup...

SCÈNE II.

Les Mêmes, LÉON.

LÉON.

On en voit les rayons!

CLAIRE, se levant.

Léon!

LÉON.

Bonjour.

DE VARENNE.

Pendant que seuls nous déjeunions,
Qu'est-ce que vous faisiez, affreux retardataire?

ACTE II, SCÈNE II.

LÉON.

C'est aujourd'hui le douze août, la Sainte-Claire !

CLAIRE.

Ma fête !

DE VARENNE.

Tiens, c'est vrai ! c'est ta fête aujourd'hui,
Et je n'y pensais pas...

A part.

Diable...

CLAIRE, à part, regardant Léon.

Il y pensait, lui !

DE VARENNE, à part.

Si je pouvais au moins lui donner quelque chose.

LÉON, offrant une rose à Claire.

J'ai manqué le convoi d'un instant... d'une rose...
Le temps de la choisir.

CLAIRE.

Qu'elle est belle !... Merci...
Je n'en ai jamais vu de pareilles ici...

DE VARENNE.

Si fait, si fait !...

CLAIRE.

Voilà la seule fleur que j'aime...

DE VARENNE.

Bon! je vais en cueillir une botte moi-même!

LÉON.

A propos, avez-vous ce soir un bon dîner?

DE VARENNE.

Tu restes?

LÉON.

Le convoi qui vient de m'amener
Contenait quatre amis...

DE VARENNE.

Comment?... une visite!

LÉON.

Qui vous fera plaisir.

CLAIRE.

Mon oncle?

LÉON.

Et Marguerite.

CLAIRE.

Et Jeanne?

LÉON.

Et Jalabert!

DE VARENNE.

Quoi? sérieusement?

LÉON.

Ils seront tous les quatre ici dans un moment.
Jalabert, qui connaît le pays, le leur montre;
Il sourit en passant à tout ce qu'il rencontre;
La maison de Talma, l'église, le château.
Je me suis échappé pour te revoir plus tôt.

DE VARENNE.

Mais comment se fait-il qu'ils arrivent ensemble?
Ton oncle et Jeanne sont à Melun, ce me semble?

LÉON.

Pour le bal de la ville où je les ai surpris,
Mon oncle et Jeanne, hier, sont venus à Paris.

CLAIRE.

Ah!... tant mieux... Et dis-moi... la fête était jolie?

LÉON.

Charmante.

DE VARENNE.

Mener Jeanne au bal, quelle folie!

CLAIRE.

Mon oncle a bien raison de ne pas l'en priver;

On ne sait pas plus tard ce qui peut arriver.

Je vais au-devant d'eux. Viens-tu, Léon?

LÉON.

Sans doute.

DE VARENNE.

A quoi bon? vous risquez de vous croiser en route.

Attendez-les plutôt ici, sous ce bosquet...

Décidément je vais lui faire un gros bouquet.

Il sort.

SCÈNE III.

LÉON, CLAIRE.

LÉON.

Alors nous restons.

CLAIRE.

Oui, n'est-ce pas?

LÉON.

Pour ta fête

Cette fleur te dira ce que je te souhaite;

Qu'elle soit sur ton cœur, ou bien dans tes cheveux,

Elle rencontrera partout un de mes vœux.

CLAIRE.

Souhaite-moi... mais non... rien... parlons d'autre chose.

ACTE II, SCÈNE III.

Des chagrins de mon cœur ne cherche pas la cause;
Ce bal... tu me l'as dit... était délicieux...
Mes sœurs ont bien dansé, n'est-il pas vrai? tant mieux!
Autrefois Marguerite était un peu sauvage.

LÉON.

Elle l'est, s'il se peut, encore davantage.

CLAIRE.

Tu veux me consoler, en me disant cela;
Marguerite s'ennuie au bal... mais elle y va.
Dans le fond de son cœur, on rêve la retraite;
Pour Paris qu'on ignore on ne se croit pas faite.
On s'effraie en songeant à ses bruyants plaisirs,
A dormir sous un hêtre on borne ses désirs;
Au lieu de se livrer avec reconnaissance,
On accuse du sort la douce violence;
Mais la prévention ne dure pas toujours;
L'expérience enfin vient à notre secours;
Sans s'en apercevoir on change de système.
On détestait Paris, on se trompait... on l'aime!...
Marguerite en est là... ce n'était pas son goût;
Mais partout on l'invite; elle accepte partout!
D'un bal qu'elle donnait tu l'as vue alarmée;

D'en donner tout l'hiver elle sera charmée...
A celui d'hier soir, sans qu'on le remarquât,
Il était, à coup sûr, aisé qu'elle manquât...
Rien n'a pu l'empêcher d'y courir la première.
La danse lui déplaît, dis-tu... la nuit dernière
Elle n'a pas dansé?

LÉON.

Si!... beaucoup!... avec moi!...
Pour parler de Melun, et surtout de Brunoy!...

CLAIRE.

Je ne la blâme pas!... je l'approuve et l'envie...
Il faut changer ses goûts, quand on change sa vie!...

LÉON.

Non, sérieusement, tu le verras bientôt,
Marguerite n'est pas heureuse, tant s'en faut;
N'ayant là-bas que moi qui l'aime et la soutienne,
Sa pauvre âme toujours s'épanche dans la mienne,
Ton bonheur est l'objet de tous nos entretiens...
Ses secrets sont souvent plus tristes que les tiens...

CLAIRE.

Se peut-il!... mais alors, voyons, quel parti prendre?

LÉON.

Parler à ces messieurs, et leur faire comprendre...

CLAIRE.

Que ma sœur n'aime pas le monde, ni le bal,
Tandis que moi... cela leur serait bien égal...
Mon mari sait à quoi s'en tenir à merveille;
A tout ce qu'on lui dit il fait la sourde oreille;
Il croit avoir, il a des principes à lui,
Et, par respect pour eux, lui-même il meurt d'ennui.
Je ne m'amuse pas, et lui pas davantage;
Ma vie est solitaire et triste, il la partage;
Sous un fardeau commun ensemble nous plions;
Je m'ennuie, il s'ennuie, et nous nous ennuyons,
Tout est là!...

LÉON.

Pauvre enfant!

CLAIRE.

Sans toi que deviendrais-je?...
Nos jours sont éternels, ta gaîté les abrége...

LÉON, à part.

C'est l'instant de risquer la déclaration,
Ou bien je suis perdu de réputation!...

Tant pis pour les maris qui condamnent leurs femmes

A l'ennui... conseiller très-dangereux, mesdames!...

CLAIRE.

A quoi penses-tu donc, Léon?...

LÉON.

Je pense... hélas!...

Je pense... je me dis...

A part.

Diable!... ça ne vient pas.

Haut.

Je pense qu'autrefois, dans notre heureuse enfance,

Nos cœurs, nos sentiments...

A part.

Voilà que ça commence!

Haut.

Claire, tu t'en souviens...

DESROSIERS, paraissant sur le perron, à part.

Hein, qu'est-ce que cela?

LÉON.

Tu n'as pas oublié...

DESROSIERS, haut, à la cantonade.

Par ici... les voilà!...

SCÈNE IV.

Les Mêmes, DESROSIERS.

CLAIRE, à Desrosiers.

Mon cher oncle!

LÉON, à part.

J'étais en si bon train.

DESROSIERS, l'embrassant.

Ma fille!...

CLAIRE.

Enfin, c'est vous!

DESROSIERS.

Suivi de toute la famille :
Tes deux sœurs, Jalabert et moi! cinq, en comptant
Ce mauvais sujet-là, qui...

LÉON.

J'arrive à l'instant,
Et je vous annonçais à ma cousine Claire.

CLAIRE.

Ne sachant rien qui pût davantage me plaire.
Vous vous portez bien?

DESROSIERS.

Oh!... pas si bien qu'autrefois.
Mais mieux qu'hier... j'ai vu ta sœur et je te vois.

CLAIRE.

Cher oncle, êtes-vous bon!...

DESROSIERS.

Non... je suis égoïste.
Le beau mérite, aimer ce qui fait qu'on existe!
C'est ta fête aujourd'hui; prends, et n'en parle pas.

CLAIRE.

C'est un portrait?

DESROSIERS.

Plus tard tu le regarderas.

CLAIRE.

Le vôtre!

DESROSIERS.

On peut monter autrement l'entourage.

CLAIRE.

Fi!... les beaux diamants... à Brunoy, c'est dommage!

DESROSIERS.

Ta vie est sérieuse ici?

CLAIRE.

Pis que cela!

Mais je n'y pense plus, mon oncle, vous voilà!...

DESROSIERS.

Pour un Parisien, de Varenne m'étonne.

CLAIRE.

Sans ce pauvre Léon, nous ne verrions personne.

DESROSIERS.

Qu'est-ce qu'il te disait lorsque je suis entré?

CLAIRE.

Léon? je ne sais pas.

DESROSIERS.

Vraiment!

A part.

Je le saurai!...

SCÈNE V.

Les Mêmes, M. et Mme JALABERT, JEANNE, puis DE VARENNE.

DESROSIERS.

Arrivez donc.

CLAIRE, à Jeanne.

Bonjour.

A Marguerite.

Bonjour, ma toute belle.

JALABERT.

Bonjour... Je vous croyais là-bas dans la tourelle.

A Marguerite.

Mon ex-château, ma chère, est vraiment très-gentil.

A Claire.

Où donc est de Varenne?

CLAIRE

Au fait, où donc est-il?

JALABERT, à part.

Diable!.... cela promet.

CLAIRE, à Jeanne.

Chère Jeanne, es-tu grande!
Mais à quel bon hasard dois-je?...

JEANNE.

Elle le demande!

MARGUERITE.

Sainte Claire, acceptez nos vœux.

JALABERT.

Nos compliments.

MARGUERITE, lui présentant un écrin.

Et ces petits boutons.

ACTE II, SCÈNE V.

CLAIRE.

Encor des diamants!

JEANNE.

Et cette bourse.

CLAIRE.

Elle est on ne peut plus jolie.
C'est toi qui l'as brodée?

JEANNE, montrant son oncle.

Et lui qui l'a remplie.

CLAIRE.

Cher oncle... chers amis, combien vous êtes bons!

JALABERT.

Moi, je n'apporte rien... j'apporte des bonbons.

DE VARENNE, entrant avec un énorme bouquet de roses.

Et moi des fleurs.

CLAIRE, bas à de Varenne.

Voyez toutes ces belles choses,
Vous venez le dernier, je n'aime pas les roses.

DE VARENNE, à part.

Ils la gênent!

A Desrosiers.

Eh bien, comment va la santé?

à Jalabert.

Comment vont les plaisirs ?

à Marguerite.

Comment va la gaîté ?

A M. et Mme Jalabert.

Las de votre Paris et de tous ses tapages,
Vous venez donc goûter la paix sous nos ombrages ?

MARGUERITE.

Hélas ! non.

JALABERT.

Nous venons seulement pour vous voir.
A notre affreux Paris nous retournons ce soir.

DE VARENNE.

Vous serez mieux ici qu'au salon, je suppose ;
Veuillez donc vous asseoir... l'air pur des champs repose !
C'est là que sans penser à rien, qu'à vivre heureux,
Sous les tilleuls en fleurs nous rêvons tous les deux.

JALABERT, *à Claire.*

Madame de Varenne aime à rêver ?

CLAIRE, *à Jalabert.*

Comme Ève...
C'est au fruit défendu bien souvent qu'elle rêve.

MARGUERITE.

Nous parlons tous les jours de votre cher Brunoy.

JALABERT.

<small>A part.</small>
Oui... Je bénis le ciel qu'il ne soit plus à moi.
<small>Haut.</small>
Quand reviendras-tu donc à Paris, de Varenne?

MARGUERITE, <small>à de Varenne.</small>

Vous en étiez le roi, Claire en serait la reine.

JALABERT.

Quand on abdique, on est bien vite remplacé.

DE VARENNE, <small>à Jalabert.</small>

De revenir ici tu me parais pressé.

JALABERT.

Ma foi, tu tombes bien; demande à Marguerite,
M'ennuié-je à Paris? réponds, chère petite.

MARGUERITE.

Vous ne vous y plaisez que trop, certainement.

DE VARENNE, <small>à part.</small>

Diable!...

JALABERT.

    Tu vois.

DE VARENNE.

Je vois... je vois parfaitement.

JALABERT.

Recevez-vous souvent vos voisins de campagne?

DE VARENNE.

Jamais!

CLAIRE.

Nous vivons seuls, enchaînés comme au bagne.

DESROSIERS, à part.

Pauvre enfant!

JALABERT.

Mais Lambert, qui s'est tant enrichi A la bourse... de Spa?

DE VARENNE.

George?... il est...

CLAIRE.

A Clichy!

JALABERT.

Ah! je t'en félicite... et le petit de Reuse?

DE VARENNE.

Il est en Italie...

CLAIRE.

Avec une danseuse!

JALABERT.

Et lord Campbell... des champs amoureux comme lui,
Tu devrais l'adorer!

DE VARENNE.

Il est mort!

CLAIRE.

Mort d'ennui!

JALABERT.

Décidément ici l'on doit beaucoup se plaire.

CLAIRE.

Beaucoup!... nous habitons un château cellulaire.

JALABERT.

Nous autres, nous voyons tout ce que l'on peut voir,
Tout Paris le matin et tout Paris le soir.
Nous sommes un miroir devant lequel tout passe,
Mais sur lequel jamais rien ne laisse de trace;
Ceux qui veulent venir chez nous y sont admis;
Nous aimons tout le monde!

MARGUERITE.

Et n'avons pas d'amis!

JALABERT.

C'est mon système...

DE VARENNE.

Il est bien différent du nôtre.

CLAIRE.

Du nôtre!... permettez; c'est-à-dire du vôtre!...

DE VARENNE, à Jalabert et à Marguerite.

Je ne vous blâme pas, mais vous en reviendrez ;
Notre vie est si douce, un jour vous l'envîrez!...
Sans ce brave Léon, qui nous en parle encore,
Nous croirions que Paris n'est plus qu'un météore.

JALABERT.

Léon!... comment Léon!... quand donc le voyez-vous?

DE VARENNE.

Il vient tous les matins déjeuner avec nous.

JALABERT.

Tous les matins... Léon?

CLAIRE.

Oui, c'est son habitude.

DE VARENNE.

Fidèle compagnon de notre solitude!...

JALABERT, à Léon.

Comment, tu viens ici tous les jours déjeuner,
Et tu n'en parles pas à ma femme à dîner !

DE VARENNE.

A dîner ?

JALABERT, à Léon qui lui fait des signes.

Je vois bien... tu veux que je me taise !

A part.

J'ai compris... C'est ici que monsieur fait sa thèse.
Je ne m'étonne plus qu'il soit exact au cours !

DE VARENNE, à Jalabert.

Léon dîne souvent avec vous ?

MARGUERITE.

Tous les jours.

DE VARENNE.

Tous les jours !

DESROSIERS, à part.

C'est étrange !

JALABERT.

Oui, sept fois par semaine.

DE VARENNE, à Léon.

Tu n'as plus que le soir pour travailler ?

LÉON.

A peine.

JALABERT.

Le soir!... mais non... il va le soir où nous allons.
Il est reçu partout, dans les plus grands salons;
Je le forme.

DE VARENNE.

Ah!... très-bien!...

JALABERT.

J'en ferai quelque chose.

DESROSIERS, à part.

Est-ce que, par hasard...

Haut, se levant.

Mes amis, je propose
De faire un tour de parc.

A ses nièces.

Vous viendrez avec nous.

JALABERT, bas à Desrosiers.

Je vous l'ai dit un jour, vous en souvenez-vous?
Quand on ne sait que faire et qu'on ne voit personne,
Pour le premier venu le cœur se passionne.

DE VARENNE, bas à Desrosiers.

Quand on vit au milieu d'un tas de garnements,

On finit tôt ou tard par les trouver charmants.
Je vous l'ai dit le jour de notre mariage.

DESROSIERS.

Oui, c'est vrai.

DE VARENNE.

Vous trouviez que j'avais tort, je gage ?

JALABERT.

Vous voyez aujourd'hui combien j'avais raison !
Léon déjeune ici tous les matins.

DE VARENNE.

Léon
Tous les soirs que Dieu fait dîne chez sa cousine.

DESROSIERS, à Jalabert.

Il faut bien qu'on déjeune.

A de Varenne.

Il faut bien que l'on dîne.

DE VARENNE, bas à Desrosiers.

Au milieu des plaisirs un mari n'y voit rien.

JALABERT, de même.

Pour un cœur ennuyé, tout est bon, tout est bien.

DE VARENNE.

Ce pauvre Paul, il faut le sauver, c'est très-grave.

JALABERT.

C'est sérieux, il faut sauver ce bon Gustave.

DESROSIERS, à part.

Je n'ai jamais été bien émerveillé d'eux,
Mais, cette fois, je crains qu'ils n'aient raison tous deux.

JALABERT, à Claire, en lui offrant le bras.

Dépêchons-nous avant que le dîner n'arrive.

Aux autres.

Je montre le chemin. Qui nous aime, nous suive!...

DE VARENNE, offrant son bras à madame Jalabert.

Chère sœur.

MARGUERITE.

Non, je suis un peu lasse, merci...
Je vous rejoins.

JALABERT, à de Varenne.

Eh bien, Gustave!...

DE VARENNE, à Jalabert.

Me voici!...

CLAIRE, à Léon.

Viens-tu?

LÉON.

Certainement!

ACTE II, SCÈNE V.

JALABERT, à part.

C'est elle qui l'invite !

CLAIRE, à Léon.

Pourquoi donc dînes-tu toujours chez Marguerite?

JALABERT, à part.

Elle est jalouse !

LÉON, à Claire.

Moi?... mais...

CLAIRE, à Léon.

Je te garderai Dorénavant.

JALABERT, à part.

Plaît-il?... Je les surveillerai.

Il sort. Léon va pour sortir avec Claire.

MARGUERITE, à Léon.

Léon ?

LÉON, s'arrêtant, à part.

Diable !

MARGUERITE.

Attends-moi !...

LÉON.

Volontiers... mais...

DE VARENNE, les regardant.

C'est elle qui le retient.

JALABERT, au fond, appelant de Varenne.

Gustave?

DE VARENNE, à part.

Et Jalabert m'appelle!... Je les surveillerai.

Il sort.

JEANNE, bas à Desrosiers.

Venez-vous?

DESROSIERS.

Me voilà!...

A Léon.

Viens-tu, cher ami?

LÉON.

Non... merci... je reste là!...

DESROSIERS, à Jeanne.

Léon ne t'a rien dit pendant tout le voyage?

JEANNE.

Rien.

DESROSIERS.

T'a-t-il fait danser hier?

JEANNE.

Pas davantage.
Ce serait trop d'honneur; il me traite en enfant...
Je le déteste!

DESROSIERS, à part.

Allons, je reviens dans l'instant.

Il sort avec Jeanne.

SCÈNE VI.

MARGUERITE, LÉON.

MARGUERITE.

Ici, tous les matins, qu'est-ce donc qui t'amène?

LÉON.

J'ai... beaucoup d'amitié pour... monsieur de Varenne...
Et puis, quand j'ai causé, le soir, seul avec toi,
La campagne devient comme un besoin pour moi.

MARGUERITE.

Sur tes impressions pour revenir ensemble,
Tu pouvais bien au moins m'en parler, il me semble.

LÉON.

Si je ne l'ai pas fait, c'est par discrétion,
C'est par tendresse... hélas! c'est par compassion!

Je souffre de te voir triste et désenchantée,
Comme une pauvre fleur par l'orage emportée,
Au milieu de ce monde insipide et bruyant
Qui ne sait pas comprendre un bonheur moins brillant.
Mon amitié du moins jamais ne t'abandonne;

A part.

Je me lance, tant pis, l'occasion est bonne!...

Haut.

C'est ici, c'est ici, sous ce ciel embaumé!
Qu'il serait doux de vivre, et plus doux d'être aimé!

DESROSIERS, entrant, au fond.

Bien!

LÉON.

Si ton cœur lisait dans le cœur le plus tendre,
Ce que je ne dis pas, tu pourrais le comprendre;
Le respect m'a toujours retenu, tu le sais...
Mais maintenant...

MARGUERITE, se levant.

Oh! ciel!

DESROSIERS, à part.

Assez, mon drôle, assez.

MARGUERITE.

Que dis-tu?...

LÉON.

Je ne sais ce que je dis moi-même!

A' part.

Allons décidément, c'est celle-là que j'aime!...

DESROSIERS, au fond, se montrant.

Hum! hum!...

MARGUERITE.

Mon oncle!...

LÉON.

Encor!...

DESROSIERS.

Je reviens sur mes pas...

A Marguerite.

Tu vas mieux, chère enfant?...

Aux deux.

Je ne vous gêne pas?

Je quitte Jalabert.

MARGUERITE.

Mon mari?...

DESROSIERS.

Je le quitte...

Il répétait toujours : Où donc est Marguerite?

MARGUERITE.

Ah!

DESROSIERS.

Je suis un peu las... de Varenne a raison...
Sa femme te cherchait tout à l'heure, Léon.

LÉON.

Ah!

DESROSIERS, à Marguerite.

De ces vilains yeux l'ardeur m'impatiente;
Prêtez-moi votre main, ma petite cliente.

MARGUERITE.

Mais, mon oncle...

DESROSIERS.

Le pouls est beaucoup trop fréquent...
Il faut soigner cela... nous souffrons depuis quand?

MARGUERITE.

Je ne sais... ce n'est rien... je crois que ça se passe.

DESROSIERS.

Déjà!

MARGUERITE.

C'est singulier... mais je ne suis plus lasse...
Je me promènerais volontiers...

DESROSIERS.

En ce cas,

Va, rejoins ton mari, je ne te retiens pas.

A Léon.

Toi, je te garde.

A Marguerite.

Eh bien, tu ne pars pas, ma fille?

MARGUERITE.

Je ne puis vous laisser tout seul.

DESROSIERS.

Es-tu gentille!...
Va.

MARGUERITE.

Vous le permettez?

DESROSIERS.

Je l'exige.

MARGUERITE.

Vraiment?
Alors, viens, Léon.

DESROSIERS.

Non.

LÉON, à part.

C'est de l'acharnement!

DESROSIERS, à Marguerite.

Nous avons à causer... va toujours, va, ma fille,

Jalabert est au fond du parc, sous la charmille.

Marguerite s'éloigne en regardant Léon.

DESROSIERS, à part.

C'est toujours le même air et la même chanson...
Je vais le secouer de la bonne façon.

SCÈNE VII.

DESROSIERS, LÉON.

DESROSIERS, à Léon.

Ne t'en va pas.

A part.

Voyons, comment puis-je m'y prendre ?
Je le chasse tout net, s'il ne veut pas comprendre.
Le drôle finirait par être dangereux;
Il m'en a bravement déjà refusé deux,
Et ce sont ces deux-là que maintenant il aime!...
Tu vas partir, ou bien tu prendras la troisième.
C'est un dérivatif par contradiction,
Remède tout nouveau de mon invention.

LÉON, à part.

Se douterait-il?... Non, impossible !

DESROSIERS, à part.

Courage!...

A Léon.

Léon!... je te défends d'y penser davantage !
Je suis ton vieil ami, ton oncle, ton parrain,
Et je ne voudrais pas te faire du chagrin ;
Mais je dois t'avertir, et je m'y détermine.
Je trouve naturel qu'on aime sa cousine ;
Je dirai même plus, je trouve cela bien ;
En famille, l'amour est un second lien :
Il réunit des cœurs unis par la nature.

LÉON, à part.

Que dit-il?

DESROSIERS.

Je sais tout !

LÉON.

Vous savez?... je vous jure...

DESROSIERS.

Je sais tout, j'ai tout vu, te dis-je.

LÉON.

Permettez!...
Vos reproches par nous ne sont pas mérités.
Marguerite est ma sœur... nous nous aimons... je l'aime...

DESROSIERS.

Et je comprends très-bien qu'elle fasse de même.

Jalabert est au fond du parc, sous la charmille.

Marguerite s'éloigne en regardant Léon.

DESROSIERS, à part.

C'est toujours le même air et la même chanson...
Je vais le secouer de la bonne façon.

SCÈNE VII.

DESROSIERS, LÉON.

DESROSIERS, à Léon.

Ne t'en va pas.

A part.

Voyons, comment puis-je m'y prendre?
Je le chasse tout net, s'il ne veut pas comprendre.
Le drôle finirait par être dangereux;
Il m'en a bravement déjà refusé deux,
Et ce sont ces deux-là que maintenant il aime!...
Tu vas partir, ou bien tu prendras la troisième.
C'est un dérivatif par contradiction,
Remède tout nouveau de mon invention.

LÉON, à part.

Se douterait-il?... Non, impossible!

DESROSIERS, à part.

Courage!...

A Léon.

Léon!... je te défends d'y penser davantage!
Je suis ton vieil ami, ton oncle, ton parrain,
Et je ne voudrais pas te faire du chagrin;
Mais je dois t'avertir, et je m'y détermine.
Je trouve naturel qu'on aime sa cousine;
Je dirai même plus, je trouve cela bien;
En famille, l'amour est un second lien :
Il réunit des cœurs unis par la nature.

LÉON, à part.

Que dit-il?

DESROSIERS.

Je sais tout!

LÉON.

Vous savez?... je vous jure...

DESROSIERS.

Je sais tout, j'ai tout vu, te dis-je.

LÉON.

Permettez!...
Vos reproches par nous ne sont pas mérités.
Marguerite est ma sœur... nous nous aimons... je l'aime...

DESROSIERS.

Et je comprends très-bien qu'elle fasse de même.

Aimez-vous, mes enfants, j'en serai très-heureux.
Rien de plus légitime et de moins dangereux.
Je ne te parle pas d'elle, bien au contraire.

LÉON.

Alors... certainement... j'aime aussi beaucoup Claire ;
Je suis son confident, son ami, son soutien;
Mais à notre amitié que reprochez-vous?

DESROSIERS.

Rien...

A part.

Rien, j'espère.

Haut.

Voyons, parlons peu, parlons vite.
Tu réponds tantôt Claire et tantôt Marguerite...
Outre que d'accuser mes nièces je suis loin,
Leurs maris sauraient bien les défendre au besoin;
Je ne me mêle pas de ce qui les regarde...
Je te parle d'une autre...

LÉON.

Une autre !

DESROSIERS.

Que je garde!...
Celle-là je comprends qu'on l'aime avec ardeur :

ACTE II, SCÈNE VII.

La grâce, la bonté, l'innocence, le cœur,
L'esprit... tout... elle a tout! Je te l'ai proposée,
Tu t'en souviens?... la chose alors était aisée!...

LÉON.

Jeanne?

DESROSIERS.

Je suis fâché de t'affliger ainsi ;
Mais hier, à ce bal... mais ce matin, ici...
Tu ne nous quittes plus! La passion t'égare!
Un obstacle éternel, Jeanne et toi, vous sépare!

LÉON.

Un obstacle?...

DESROSIERS.

Éternel! un abîme!

LÉON.

Comment!

DESROSIERS.

Vous eussiez fait ensemble un ménage charmant.
Je te plains, mon ami, car je comprends qu'on l'aime!

LÉON.

Mais non, rassurez-vous, je n'y pense pas même!

DESROSIERS.

Si tu m'en avais cru, ce serait déjà fait;
Un pareil mariage aurait été parfait.
Il est trop tard! jadis, lorsque c'était possible,
Comment ton cœur a-t-il pu rester insensible?
Comment n'as-tu pas vu que rien ne valait mieux
Qu'un bonheur bien à soi, dont on est orgueilleux;
Qu'une enfant de seize ans...

LÉON.

Je vous promets...

DESROSIERS.

Comme elle...
Qu'on montre à tout le monde, en disant : Qu'elle est belle!
A ton âge, j'aurais voulu me marier;
Mais alors j'avais trop besoin de travailler;
Je suis resté garçon, vieux garçon solitaire.
Fais mieux que moi, mon fils, puisque tu peux mieux faire
Choisis avec ton cœur, choisis avec ton goût,
Et tu choisiras bien!... mais pas Jeanne, surtout.

LÉON.

Au moins expliquez-moi pour quel motif...

DESROSIERS.

Qu'entends-je !
Tu l'aimes !... malheureux !... j'en étais sûr... un ange !

LÉON.

Mais pas du tout !

DESROSIERS.

Je suis cruel, je le comprends...
Au nom de ma tendresse et de mes cheveux blancs,
Je t'en prie... A vingt ans ce mal-là se répare ;
Cherche ailleurs... Un obstacle éternel vous sépare !

LÉON.

Encore... mais lequel ?

DESROSIERS.

Plus tard...

LÉON.

Je veux savoir.

DESROSIERS.

Un obstacle éternel... un abîme... au revoir !...

Il sort.

SCÈNE VIII.

LÉON, seul.

Un abîme !... entre nous il existe un abîme !...

Nous n'aurions pas le droit de nous aimer sans crime!
Un obstacle éternel nous sépare!... ma foi,
Cela m'est bien égal... je ne l'aime pas, moi!...
Mon oncle s'est trompé!... Pauvre petite fille!...
Je n'en dis pas de mal... elle est assez gentille...
Elle a certain esprit... un esprit de salons...
Elle est très-douce, et puis elle a des cheveux blonds...
Assurément c'est plus qu'il n'en faut pour qu'on plaise,
Mais je suis occupé; diable! je fais ma thèse!
D'ailleurs, la pauvre Claire est bien seule à Brunoy,
La pauvre Marguerite à Paris n'a que moi...
J'ai beau faire... leur vie est sérieuse et triste.

Après un moment de réflexion.

Je voudrais bien savoir quel obstacle il existe.

Il entre dans le bosquet.

SCÈNE IX.

LÉON, CLAIRE, MARGUERITE.

MARGUERITE, à Claire traversant le théâtre.

Ton parc est ravissant; montre-moi ton château.

CLAIRE.

C'est la première fois que je le trouve beau;
Le bonheur de te voir a produit ce miracle.

ACTE II, SCÈNE IX.

LÉON, à part.

Qu'est-ce donc que mon oncle entend par un obstacle?

MARGUERITE.

Je trouve tout parfait aujourd'hui, grâce à toi;
Je n'ai jamais été si contente de moi!...

CLAIRE, sur le perron.

Tiens! Léon!

MARGUERITE.

Il a l'air de méditer un crime.

LÉON, à part.

Qu'est-ce donc que mon oncle entend par un abîme?

CLAIRE.

Notre jeune avocat est magnifique ainsi.
Bonjour, Léon...

MARGUERITE.

Bonjour, cousin!...

Elles entrent.

SCÈNE X.

LÉON, caché; DE VARENNE, puis JALABERT.

DE VARENNE.

Personne ici!...
Madame Jalabert nous a rejoints à peine;

Léon n'a pas paru, c'est encor plus sans gêne ;
Où sont-ils tous les deux, comment les retrouver ?
Du coup qui les attend comment les préserver ?
Jalabert se sera douté de quelque chose...
De son émotion j'ai deviné la cause.
Il s'est enfui, croyant qu'on ne le voyait pas,
Et c'est de ce côté qu'il a tourné ses pas !
Que faire... O ciel !... c'est lui.

<small>Il se cache derrière l'arbre du milieu.</small>

JALABERT, au fond.

Personne !...

DE VARENNE, à part.

Que lui dire ?

JALABERT.

Je n'en puis plus... je suis éreinté...

<small>Il s'assied.</small>

Je respire !...

Petit gueux de Léon !... un enfant que j'aimais !...
Que j'aime encore... A qui se fier désormais...
De Varenne sait tout ; il a suivi leur trace !...
Comment les prévenir du coup qui les menace ?
Où sont-ils ? J'ai cherché dans tout le parc... mais rien !...
Et dire qu'à mon bras je la tenais si bien !...

DE VARENNE, à part.

Ils sont dans le château, probablement.

JALABERT, à part.

Je tremble,
S'ils sont dans le château, qu'on les y trouve ensemble.

DE VARENNE, à part.

Voilà Paris !

JALABERT, à part.

Des champs voilà la douce paix !...

DE VARENNE, à part.

Comment les prévenir !...

JALABERT, à part.

Si j'y reviens jamais !

Voyant de Varenne.
Ciel !

DE VARENNE.

Tiens, c'est toi !... bonjour...

JALABERT.

Bonjour... Je me promène,
J'admire la beauté de mon ancien domaine.

DE VARENNE.

Tu ne regrettes pas de me l'avoir vendu ?...

JALABERT.

Si fait, un peu.

DE VARENNE.

Toujours je m'y suis attendu.
Où donc allais-tu?

JALABERT.

Moi? je ne sais, je t'assure;
Je marchais au hasard, j'errais à l'aventure.

DE VARENNE.

Comme moi. Viens-tu voir mes rosiers?

JALABERT.

Oui... les miens!...
J'y pensais... car c'est moi qui les ai plantés!... viens!...

SCÈNE XI.

DE VARENNE, LÉON, JALABERT,

puis MARGUERITE et CLAIRE sur le perron;

DESROSIERS, JEANNE.

LÉON, sous le bosquet.

Qu'est-ce donc que...?

DE VARENNE, à part.

Léon!

JALABERT, à part.

Léon! grands dieux! que faire?

DE VARENNE, à part.

Ils sont là!

JALABERT, haut.

Qu'as-tu donc?

DE VARENNE.

Rien du tout, au contraire!

JALABERT, à part.

Pauvre ami! s'il savait que sa femme... ils sont là!

DE VARENNE.

Tu dis...

JALABERT.

Rien...

DE VARENNE.

Tu disais...

JALABERT.

Je n'ai pas dit cela!

DE VARENNE, à part.

S'il savait... croyez donc à la vertu des femmes!...

JALABERT, à de Varenne.

On dînera bientôt... viens-tu chercher ces dames?

DE VARENNE.

Oui, viens-tu ?...

JALABERT.

Je te suis, va...

DE VARENNE.

Non... viens... je t'attends...

A part.

Il me renvoie...

JALABERT, à part.

Il veut m'éloigner... je comprends...

DE VARENNE, à part.

Il les a vus.

JALABERT, à part.

Il a des soupçons...

Du côté de Léon.

Misérable !

DE VARENNE, à part, du côté de Léon.

Petit drôle !

CLAIRE, sur le perron.

Messieurs.

DE VARENNE.

Oh ciel !

JALABERT.

Grands dieux !

ACTE II, SCENE XI.

CLAIRE.

A table!

LÉON, sortant du bosquet.

Voilà !

MARGUERITE.

Quand vous voudrez...

JALABERT, à part.

J'y vois trouble aujourd'hui.

DE VARENNE, à part.

Je suis pourtant bien sûr que Marguerite et lui...

JALABERT, regardant de Varenne.

Hein ?

DE VARENNE.

Quoi ?

JALABERT.

Je meurs de faim !

LÉON, à part.

Qu'ont-ils donc ?

DE VARENNE.

Moi de même.

Bas à Léon.

Léon...

A part.

C'est un moyen...

Bas à Léon.

Tu sais combien je t'aime.
Viens donc dorénavant dîner un peu chez nous.

LÉON.

Volontiers.

DESROSIERS, au fond, avec Jeanne.

Dîne-t-on?

DE VARENNE.

On n'attendait que vous.

JALABERT, bas à Léon.

A déjeuner chez moi demain je te condamne!...

LÉON.

J'accepte.

JALABERT, bas à de Varenne.

Il est charmant!...

DE VARENNE.

Très-gentil.

Ils sortent par le perron.

LÉON, à Jeanne.

Viens-tu, Jeanne?...

SCÈNE XII.

DESROSIERS, JEANNE, LÉON.

DESROSIERS, les séparant, à Léon.

Pardon ! si par hasard, le vingt-cinq de ce mois,
Jour de la Saint-Louis... un dimanche, je crois ;
Oui... tu te souvenais qu'à mon tour c'est ma fête ;
Comme c'est à Melun que l'on me la souhaite,
Ne te dérange pas... tu fais ta thèse.

LÉON.

     Moi !...

DESROSIERS.

Et puis... j'ai des raisons... je ne veux pas de toi.

LÉON.

Cependant...

DESROSIERS.

  Cependant... désormais, sois plus rare ;
Tu le sais, un obstacle éternel vous sépare.

LÉON.

Ah ! pour le coup, mon oncle, expliquez-vous... Lequel ?

DESROSIERS.

Je te l'ai déjà dit, un obstacle éternel.

Il te suffit, je crois, de savoir qu'il existe.

LÉON.

Mais, non...

JEANNE, bas à Desrosiers.

Pauvre Léon, je lui trouve l'air triste.

DESROSIERS.

Tu le détestes!

JEANNE.

Moins.

DESROSIERS, à part.

C'est Dieu qui m'inspira.

Haut à Léon.

Ne viens pas à Melun pour ma fête...

A part.

Il viendra!

Il sort par le perron.

SCÈNE XIII.

LÉON, seul.

Non! certainement, non, je n'irai pas!... Sa fête!...
A la lui souhaiter s'il croit que je m'apprête,
Il se trompe! Dînez sans moi; je n'ai plus faim!...
D'être ainsi ballotté je me lasse à la fin!

Je retourne à Paris, tout seul, je le préfère ;
J'aurais l'air d'un enfant si je me laissais faire ;
De l'oncle et des cousins je me moque à mon tour,
Je pars !... En arrivant, je dîne chez Véfour !
De là, je vais passer ma soirée au spectacle !...
<small>Après un moment de silence.</small>
Qu'est-ce donc que mon oncle entend par un obstacle ?...

FIN DU DEUXIÈME ACTE.

ACTE TROISIÈME

Salon riche. — Porte au fond et portes latérales. — Une cheminée avec du feu, à gauche ; une table à droite.

SCÈNE PREMIÈRE.

JALABERT, endormi dans un grand fauteuil, près de la cheminée ; MARGUERITE, entrant par la droite ; MARIANNE.

MARGUERITE, à la cantonade.

Ayez soin de mon oncle, Augustin... Marianne,
Ma sœur attend, tâchez que rien ne manque à Jeanne.
Si mon mari rentrait, vous lui diriez... non, rien.
 A Marianne.
Qu'est-ce ?

MARIANNE, présentant un bouquet et une lettre.

 C'est de la part de monsieur Léon.

MARGUERITE, vivement.

              Bien !

Donnez, merci... Léon !
 Elle lit.
  « Ma chère Marguerite,
« Pour une affaire urgente, à regret, je te quitte ;
« Je serai de bonne heure à ta fête, ce soir ;

« De danser avec toi le premier j'ai l'espoir ;

« Tu me l'as promis.

<small>A part.</small>
Oui.

<small>Haut.</small>

« Ces fleurs, tes sœurs jumelles,

« Te le rappelleront. Adieu. »

<small>A part.</small>
Sont-elles belles !

<small>Elle se lève et continue à lire la lettre en marchant vers la gauche.</small>

<small>Haut.</small>

« Crois-les, ces chères fleurs, qui te diront pour moi :

« Je t'aime un peu, beaucoup, passionnément... »

JALABERT, <small>s'éveillant.</small>
Quoi ?

MARGUERITE.

Que vois-je !... Vous, monsieur, vous étiez là ?...

JALABERT.
Sans doute.

MARGUERITE.

Vous dormiez ?

JALABERT.
De Brunoy mon cœur suivait la route.

MARGUERITE.

Vous rêviez ?

LE FRUIT DÉFENDU.

JALABERT.

Le soleil me semblait plus brillant!

MARGUERITE.

Vous êtes, ce matin, d'un lyrisme effrayant.
Mais il ne s'agit pas de battre la campagne;
Réveillez votre esprit qui voyage en Espagne;
Vous êtes à Paris tout bonnement; ce soir,
Vous avez douze cents amis à recevoir.
Arrangez-vous; j'ai fait tout ce que j'ai pu faire;
Le reste vous regarde et n'est pas mon affaire...
Mon oncle est arrivé.

JALABERT.

Votre oncle... de Melun?

MARGUERITE.

Avec ma sœur.

JALABERT, se levant.

Cela n'a pas le sens commun!

MARGUERITE.

Pourquoi donc?

JALABERT.

Je vous dis que c'est de la démence!
Votre oncle veut danser!

MARGUERITE.

Il veut que ma sœur danse...
Il a raison. D'ailleurs, vous l'avez invité...
Il vient... c'est de sa part une grande bonté.
Vous l'en remercîrez, j'espère...

JALABERT.

De Varenne
Ne prendra certes pas, pour si peu, tant de peine ;
Il fera bien.

MARGUERITE.

Je crois qu'il aura tort.

JALABERT.

Pas moi !
Du diable, si j'étais à sa place à Brunoy,
Si, pour un méchant bal donné par mon beau-frère,
Je me dérangerais !

MARGUERITE.

Je pense le contraire.
En attendant, qu'on vienne ou qu'on ne vienne pas,
Vos bals sont très-jolis, faites-en plus de cas ;
Je crains fort que ce soir il n'y manque personne,
Prenez garde...

Elle sort par la porte à gauche.

SCÈNE II.

JALABERT, seul.

C'est bien le dernier que je donne !
Dans quel affreux guêpier me suis-je fourré là !
J'avais faim, j'avais soif de Paris... m'y voilà...
Avec du bruit, avec des bals, avec des fêtes,
Avec tout ce qui fait tourner toutes les têtes !
Depuis que de Brunoy j'ai revu le chemin,
Je sens que le bonheur était là, sous ma main.
Va... je t'arracherai, ma pauvre Marguerite,
A tous ces faux plaisirs dont le clinquant t'irrite.
J'aurais dû l'écouter : elle vaut mieux que moi !
Si j'allais retrouver de Varenne à Brunoy ?...
Après tout, son bonheur peut être encor le nôtre !...
J'ai vendu ma maison, j'en puis ravoir une autre !
Ma femme veut partir... je cède... je consens...
De Varenne est pour moi le type du bon sens,
Je le rejoins. Voilà le véritable sage !
Rien ne peut le troubler dans sa paix sans orage.
Du monde qu'il connaît devenu l'ennemi,
Il reste aux champs... il a raison !

SCÈNE III.

JALABERT, DE VARENNE.

DE VARENNE, à la porte du fond.
Bonjour, l'ami !

JALABERT.
De Varenne...

DE VARENNE.
Bonjour, le plus heureux des hommes !
Nous voilà donc enfin à Paris... nous y sommes !...
Que c'est grand ! que c'est beau ! Tais-toi, ne me dis rien..
J'ai besoin d'admirer... cela me fait du bien...
Je suis comme les fleurs de ta vieille campagne,
Mon cœur s'épanouit quand le soleil le gagne ;
Et le soleil, le seul qui ne pâlisse pas,
C'est Paris !... J'étouffais, je desséchais là-bas ;
Un fol entêtement m'empêchait de me plaindre ;
Mais tant pis, je suis las de souffrir et de feindre.
Je suis las de pêcher du matin jusqu'au soir ;
De manger tous les jours des goujons, et d'en voir !
Las surtout d'admirer la lune et les étoiles...
Vive Paris ! J'y veux rentrer à pleines voiles !
Ce brave Jalabert... tu te moquais de moi,

N'est-ce pas? Enterré sous un saule, à Brunoy,
Ton pauvre ami devait te paraître bien drôle!...
Pendant six mois, j'ai pris au sérieux mon rôle;
Tremblant pour mon honneur, que nul ne menaçait,
Dans cette Thébaïde où l'ennui seul passait,
Me vois-tu, verrouillant la vertu de ma femme,
Comme les vieux tyrans de l'ancien mélodrame?...
Mais la raison revint, et je compris un jour
Que je m'emprisonnais moi-même dans ma tour;
Que j'étais bien nigaud, quand ma femme est si sage,
De lui faire porter des fers... que je partage;
Et de nous condamner pour une illusion
Au supplice éternel de la réclusion!...
J'étais plus d'à moitié guéri, ton bal m'achève...
Ma femme refusait d'y venir, je l'enlève!...
Elle est avec sa sœur, je l'ai laissée en bas...
De ma conversion, je ne lui parle pas...
Elle adore Paris... c'est bien juste, à son âge;
Elle espérait y vivre avant son mariage,
Elle y vivra... Chez toi je tombe sans façon.
Sais-tu que c'est superbe ici!

JALABERT.

Pauvre garçon!

DE VARENNE.

Tu mènes, je le vois, grand train et grande vie;
Tu dois terriblement t'amuser?

JALABERT.

Je m'ennuie!...
Aux plaisirs de Paris je me suis condamné,
Je regrette les champs.

DE VARENNE.

Malheureux!...

JALABERT.

J'y suis né...
Je pensais ce matin à te rejoindre.

Mouvement de de Varenne.

Écoute :
Nous avons tous les deux pris une fausse route;
De nos femmes, exprès, contrariant les goûts,
Nous avons, je le crains, agi comme des fous.
Le docteur Desrosiers, dont souvent je me moque,
Parce que, quand j'ai tort, son gros bon sens me choque,
Avait tout arrangé pour le mieux au total.
Nous pouvons en sortir encor sans trop de mal,
Sortons-en!... Qu'en dis-tu, Parisien farouche?

DE VARENNE.

Je dis que la Sagesse a parlé par ta bouche.

JALABERT.

Je compte racheter une terre à Brunoy...

DE VARENNE.

Je compte racheter un hôtel près de toi...

JALABERT.

Pour y recommencer mon existence ancienne.

DE VARENNE.

Pour en finir avec les ennuis de la mienne.

JALABERT.

Je veux que ce soit simple.

DE VARENNE.

Et moi, que ce soit beau !

Moment de silence. Ils se regardent l'un l'autre.

JALABERT.

Je te rends ton hôtel !

DE VARENNE.

Je te rends ton château !

JALABERT.

C'est dit.

DE VARENNE.

C'est convenu.

JALABERT.

Sans regrets ?

DE VARENNE.

Au contraire !
Je recommencerais si c'était à refaire.
Ce brave Paul !... Enfin, je vais donc m'amuser !

JALABERT.

Ce bon Gustave !... Enfin, je vais me reposer !

SCÈNE IV.

JALABERT, DESROSIERS, DE VARENNE.

DESROSIERS, entrant par la droite, et à la cantonade.

Ne vous dérangez pas ; avant tout la toilette.
Haut.
Jalabert... de Varenne... Allons, fête complète...
Rendez-vous général !... Comment vous portez-vous?
Le plaisir a du bon... il nous réunit tous !
Je sors de vos salons, mon cher, ils sont superbes :
Trente lustres, avec chacun quinze ou vingt gerbes !...
Et des fleurs... tout un parc ! J'étais, ma foi, tenté

De me croire au Jardin-d'Hiver... pendant l'été.
Je comprends qu'il soit doux de vivre de la sorte.

DE VARENNE.

N'est-ce pas?

DESROSIERS.

J'en mourrais en huit jours... mais n'importe!
Je le comprends... Pour moi, je préfère Melun;
N'étant pas encor sourd, le bruit m'est importun;
Ce qui n'empêche pas que j'accoure bien vite
A Paris, par *l'Express*, chaque fois qu'on m'invite;
Vous voyez, nous voilà les premiers, Jeanne et moi...
Je ne danserai pas ce soir, Dieu sait pourquoi;
Mais, dans un petit coin assis sur une chaise,
Je vous regarderai danser tout à mon aise;
Heureux de vos plaisirs, sans en être envieux;
J'aime les jeunes gens... quand ils ne sont pas vieux!
Après cela, m'étant retrempé dans la source,
Dès demain, pour Paris, je reprendrai ma course;
Doublement satisfait de pouvoir au retour
Me reposer un mois des fatigues d'un jour.
La campagne a son charme aussi... que vous en semble?

JALABERT.

Je pense comme vous... Nous partirons ensemble.

DESROSIERS.

Vous?

JALABERT.

Moi-même... Voyons, mon bon oncle, entre nous,
Vous trouviez, n'est-ce pas, vos neveux un peu fous?

DE VARENNE.

Nous ne le sommes plus; mais nous l'étions.

DESROSIERS.

Qu'entends-je?...

JALABERT.

Quand la route qu'on suit est mauvaise, on en change.

DE VARENNE.

Sur nos goûts, Paul et moi, nous nous étions mépris.

JALABERT.

Je retourne à Brunoy.

DE VARENNE.

Je reviens à Paris!
Ma femme en a le spleen.

DESROSIERS.

C'est vrai... chère petite!

JALABERT.

La mienne...

DESROSIERS.

Je connais les goûts de Marguerite.

JALABERT.

De les contrarier nous étions insensés.

DESROSIERS.

Oui, vous avez raison... plus que vous ne pensez...
Je ne vous ai jamais rien dit, c'est mon système;
Mais j'ai souvent tremblé pour vous... pour vous que j'aime
Ah! vous vous ennuyez? Tant mieux, vraiment... L'ennui
Vous sauve d'un danger plus grave encor que lui.
Trop de sécurité bien souvent nous abuse;
Il arrive un beau jour que madame s'amuse!
Paris, dont les plaisirs lui semblaient faux et vains,
A pris la pauvre enfant dans ses piéges divins...
Cette autre, condamnée à trop de solitude,
Adore tout à coup la campagne et l'étude...
Je ne dis pas cela pour vous... Mais, selon moi,
On a toujours raison de prendre garde à soi...
J'y vois clair, sans avoir jamais été bien jeune.

Bas à de Varenne.

Léon ne dîne plus chez Paul...

Mouvement négatif de de Varenne.

Il y déjeune!

DE VARENNE.

Ici ?

DESROSIERS.

Certainement... Tous les matins, mon cher !

DE VARENNE.

Vous croyez ?

DESROSIERS.

J'en suis sûr.

JALABERT.

Vous dites ?

DESROSIERS.

J'y vois clair.

Bas, à Jalabert.
Léon rôdait jadis autour de sa cousine...

JALABERT.

Il ne déjeune plus chez Gustave.

DESROSIERS.

Il y dîne.

JALABERT.

A Brunoy !

DESROSIERS.

Tous les jours.

JALABERT.

Comment!

DESROSIERS.

Je disais donc
Qu'il a bon appétit, ce farceur de Léon...
Il mange un peu partout... il eût été capable
De souper tous les soirs à Melun, à ma table ;
Au moment de ma fête il avait essayé...
Oui!... mais Jeanne a seize ans... je vous l'ai renvoyé.
Gardez-le, mes amis... on est brave à votre âge.

DE VARENNE, à part.

C'est selon...

JALABERT, à part.

Il me fait peur avec son courage!

DESROSIERS, à part.

J'ai réussi... leurs yeux sont ouverts désormais.

DE VARENNE, à Jalabert.

Le marché tient toujours?

JALABERT.

Toujours!... plus que jamais!

DESROSIERS.

Bravo! Si nous allions en prévenir ces dames?

Je me fais un plaisir de les voir... pauvres femmes !

DE VARENNE.

Claire sera ravie...

JALABERT.

Et Marguerite donc !

DESROSIERS.

Justement la voilà... c'est elle.

DE VARENNE.

Avec Léon !

JALABERT.

Chère enfant, je jouis d'avance de sa joie...
Je ne suis pas fâché que son cousin la voie.

SCÈNE V.

JALABERT, MARGUERITE, LÉON, DESROSIERS
DE VARENNE.

MARGUERITE, à Léon, en entrant par la gauche.

C'est très-vilain, monsieur, de s'en aller ainsi...
Ah ! j'oubliais... Tes fleurs sont charmantes, merci.

LÉON.

Mon oncle !... De Varenne !...

DESROSIERS.

Eh bien, mons Lovelace,
Votre thèse?

LÉON.

Ma thèse?...

DESROSIERS.

Oui.

LÉON.

Demain je la passe.

DESROSIERS.

Menteur! Jeanne t'en veut, elle a raison.

LÉON.

Pourquoi?

DESROSIERS.

Je défends que ce soir elle danse avec toi.

LÉON.

Mais, mon oncle...

A part.

Je cours l'inviter... il m'ennuie!

JALABERT, allant à Léon.

Un moment, s'il vous plaît, un moment!

A Marguerite.

Chère amie,

ACTE III, SCÈNE V.

Devant ces trois messieurs... entendez-vous, Léon ?...
Je viens publiquement vous demander pardon.

MARGUERITE.

Pardon... de quoi ?

JALABERT.

   Je sais mes torts et les confesse,
Et de les réparer, à tout prix, je m'empresse.
Je viens de racheter ma maison de Brunoy ;
Vous y viendrez demain demeurer avec moi.
Devant votre raison mes caprices se taisent ;
Nous fuyons les plaisirs, les bals qui vous déplaisent ;
Je ne veux désormais suivre que votre goût.
Vous détestez Paris, partons !

MARGUERITE.

     Mais pas du tout :
Je l'aime beaucoup.

JALABERT.

   Hein ?... Quoi ! vous aimez les fêtes ?

MARGUERITE.

Peu, c'est vrai.

JALABERT.

   Vous aimez le luxe et les toilettes ?

MARGUERITE.

J'aime... j'aime Paris!

JALABERT.

Vous l'aviez en horreur,
Autrefois.

MARGUERITE.

Autrefois, c'est vrai, j'en avais peur;
Mais depuis, vous voyant l'aimer, j'ai fait de même.

JALABERT.

Et vous n'en aimez rien de ce qui fait qu'on l'aime!
Qu'est-ce qui vous en plaît? répondez.

MARGUERITE.

Tout et rien...
Je ne sais, mais je veux y rester... j'y suis bien.

DESROSIERS, à part.

Tout et rien!

DE VARENNE, à part.

Tout et rien!

JALABERT.

Vous voulez?...

MARGUERITE.

Je désire,

Je souhaite... A cela trouvez-vous à redire ?

C'est votre faute.

JALABERT.

A moi ?

A part.

Diable ! j'ai fait du beau !

Il se retourne du côté de Léon, qui, pour se donner une contenance, brosse son chapeau avec sa main.

DE VARENNE, bas à Desrosiers, regardant Léon.

Voyez-vous tout et rien qui brosse son chapeau ?

MARGUERITE, se levant.

Ah çà, qu'avez-vous donc tous les trois ?...

Regardant Léon.

Tous les quatre ?

JALABERT.

J'ai... j'ai...

A part.

Je suis un sot, je me suis laissé battre,

Et devant lui !

SCÈNE VI.

MARGUERITE, JALABERT, LÉON, CLAIRE,

DE VARENNE, DESROSIERS.

CLAIRE, entrant.

Bonjour !...

A Léon.

J'ai ton bouquet... merci !

A Jalabert.

Vos salons sont si grands que l'on se perd ici.

DE VARENNE.

Vous les leur enviez, ces grands salons ?

CLAIRE, s'asseyant à droite.

Non, certe.

DE VARENNE.

Cher oiseau prisonnier, votre cage est ouverte !...
Ce qui veut dire, en bon français, que nous partons ;
Puisque vous détestez les champs, nous les quittons.

CLAIRE.

Moi ?

DE VARENNE.

Vous êtes chez vous... l'affaire est décidée...
Je viens de racheter mon hôtel.

CLAIRE.

Quelle idée !

DE VARENNE.

Riez, chantez !... Adieu, Brunoy... vive Paris !

CLAIRE.

Votre mot est placé ?... Je ne l'ai pas compris.

DE VARENNE.

Non, nous ne faisons pas, ma chère, une charade ;
Rien n'est plus sérieux... Vous en étiez malade,
Moi de même ; j'ai cru, reconnaissant mes torts,
Qu'il fallait bravement en sortir, et j'en sors...
Vous voilà libérée après six mois de bagne !

CLAIRE.

Vous êtes fou, monsieur ; j'adore la campagne.

DE VARENNE.

Bagne est de vous ; c'est vous qui l'avez dit.

CLAIRE.

                    Jamais !

DE VARENNE.

Vous n'aimiez pas Paris ?

CLAIRE.

            Peut-être autrefois... mais,
Quand je vous ai pour lui vu tant de sympathie,
A votre opinion je me suis convertie.

DE VARENNE.

Vous ne l'aimez plus !

CLAIRE.

        Non.

DE VARENNE.

    Vous aimez mieux les champs?

CLAIRE.

Beaucoup mieux.

DE VARENNE.

   Vous aimez les oiseaux et leurs chants?...

CLAIRE.

Sans doute.

DE VARENNE.

   Les moutons et la pêche à la ligne?...

CLAIRE.

Cela pourra venir un jour, je m'y résigne;
Sans me passionner pour ce qui n'est pas bien,
La campagne me plaît, j'en aime... tout et rien.

DESROSIERS.

Tout et rien...

DE VARENNE.

  Tout et rien. Elle aussi!

JALABERT.

      Comment?

DE VARENNE.

        Claire,

Cela ne se peut pas... Vous riez?

CLAIRE.

Au contraire.

DE VARENNE.

Jadis vous n'y trouviez rien de bon, rien de beau...

Il regarde Desrosiers, Jalabert, puis Léon qui brosse encore son chapeau.

Vivement à Léon.

Léon, je te défends de brosser ton chapeau !

LÉON.

Moi !... Plaît-il?

MARGUERITE, vivement à de Varenne.

Mon ami !

CLAIRE, vivement à de Varenne.

Monsieur !...

JALABERT, bas à Marguerite.

Laissez-le faire.

DE VARENNE, bas à Claire.

Laissez-moi.

JALABERT, à Marguerite.

C'est un drôle... Il fait la cour à Claire.

MARGUERITE.

Lui !...

DE VARENNE, à Claire.

C'est un drôle... Il fait la cour à votre sœur.

CLAIRE.

Lui!...

LÉON, à de Varenne.

Si j'ai bien compris...

DE VARENNE, haut.

Vous êtes dans l'erreur.

Bas.

Vous voyez bien qu'ici l'on pourrait nous entendre...
Je descends au jardin.

LÉON.

Soit; je vais y descendre.

De Varenne sort par le fond.

JALABERT, bas à Léon.

Je voudrais bien savoir...

LÉON.

Quoi?

JALABERT.

Je vous le dirai;
Serez-vous au billard?... J'y descends...

LÉON.

J'y serai.

MARGUERITE, à part.

Léon aime ma sœur!

Elle sort par la gauche.

CLAIRE, à part.

Il aime Marguerite!

Elle sort par la droite.

JALABERT, à Desrosiers.

Vous permettez?

DESROSIERS.

Parbleu!

JALABERT.

Je reviens tout de suite.

Il passe devant Léon qu'il toise tragiquement et sort par la gauche.

SCÈNE VII.

LÉON, DESROSIERS.

LÉON.

Qu'est-ce qui leur prend donc à tous deux?

DESROSIERS.

Il leur prend
Qu'ils veulent te tuer... et cela se comprend.

LÉON.

Un duel!

DESROSIERS.

Deux !

LÉON.

Très-bien !

DESROSIERS.

Mais c'est épouvantable !
Mais vous jouez, monsieur, un rôle abominable !
Vous vous faites nourrir par deux pauvres maris.

LÉON.

Moi ?

DESROSIERS.

Certainement, toi !... J'ai tout vu, tout compris !
Tu déjeunes chez l'un, et chez l'autre tu dînes ;
Pour les payer tu fais la cour à tes cousines ;
Sans calcul, je le sais, sans espoir de retour ;
Sans même avoir pour toi l'excuse de l'amour.
Si j'avais tes vingts ans, si j'étais à ta place,
Dans le fond de mon cœur voyant ce qui se passe,
Comprenant que je n'ai, car tu n'as aujourd'hui
Qu'un insensé besoin d'aimer... n'importe qui !
Je dirais à mon oncle : « Au secours, je me noie...
« Je veux me marier !... »

ACTE III, SCÈNE VII.

LÉON.

Moi?

DESROSIERS.

« Bien vite... avec joie!...
« Je suis un bon enfant... un peu fou... je ferai
« Un excellent mari dès que je le pourrai. »
A cela je réponds : Connue ou non connue,
Brune ou blonde, choisis... la première venue.
Je t'en montrerai cent ce soir au bal.

LÉON.

Merci!

DESROSIERS.

Et tout s'arrangera le mieux du monde ainsi,
Sans larmes, sans duel, avec un bon notaire!
Jeanne, certainement, était bien ton affaire ;
Je n'ai jamais rien vu de plus délicieux :
On peut être aussi bien, on ne peut être mieux.
Mais je t'ai prévenu, tu dois le reconnaître,
Mon ami, je n'ai pas voulu te prendre en traître ;
Dès que j'ai vu ton cœur tourner de son côté,
Je t'ai dit : Halte là!... C'est de la probité,
N'est-il pas vrai? Je t'aime et veux que tu m'estimes.

LÉON.

Vous me parliez toujours d'obstacles et d'abîmes!

DESROSIERS.

Oui!

LÉON.

C'est m'en dire trop, mon oncle, ou pas assez.
A d'étranges soupçons vraiment vous me poussez.
Que peut-il exister entre nous, je vous prie?

DESROSIERS.

Eh bien, tu sauras tout.

LÉON.

Jeanne?...

DESROSIERS.

Je la marie.

LÉON.

Vous la mariez?

DESROSIERS.

Oui... prochainement.

LÉON.

C'est là
Votre obstacle éternel?

DESROSIERS.

Oui, mon cher, le voilà !
La chose me convient, donc elle est convenue.
Au revoir !... Crois-moi, prends la première venue.

LÉON, le retenant.

Et cet heureux mortel ?...

DESROSIERS.

Bientôt tu le verras.
Un jeune homme charmant !

LÉON.

Qu'elle aime ?

DESROSIERS.

Et pourquoi pas ?

LÉON.

Adieu, mon oncle !

DESROSIERS.

Adieu.

Il s'assied à gauche.

LÉON.

J'adore Marguerite...
Et Claire !... toutes deux à la fois !... Je vous quitte
Pour aller leur jurer un amour éternel ;

De là je cours tuer leurs maris en duel...
Tous les deux, si je puis... à moins qu'on ne me tue!
Adieu!

DESROSIERS.

J'épouserais la première venue,
A ta place.

LÉON.

Et ce soir, si personne n'est mort,
Si votre bal a lieu, je jure... j'aurai tort,
Vous m'en voudrez, tant mieux!... je vous jure à vous-même
De ne danser qu'avec Jeanne... Jeanne, que j'aime!

DESROSIERS, à part.

Allons donc! le grand mot est lâché!

<small>Haut, se levant.</small>

Malheureux!
Tu ne la verras plus!... Tu l'aimes! C'est affreux!

LÉON.

Oui, je l'aime!

DESROSIERS.

Une enfant!

LÉON.

Que suis-je donc moi-même?

ACTE III, SCÈNE VII.

DESROSIERS.

Un fou!

LÉON.

C'est justement pour cela que je l'aime!
La jeunesse, mon oncle, et la folie, un jour
Tout cela se rencontre et sourit... c'est l'amour!
Ne vous effrayez pas de mes vingt ans frivoles;
J'ai des jours sérieux, si j'ai des heures folles!
J'ai pu, faute de mieux, jeter ma vie au vent,
Sans valoir pour cela ni plus ni moins qu'avant!
Je n'ai rien fait de mal, rien que l'honneur condamne,
Rien qui, pour son bonheur, puisse inquiéter Jeanne!
Las de tout adorer, sans rien aimer jamais,
Mon cœur impatient est fixé désormais.
Au nom de vos bontés pour toute la famille,
Je serai votre fils, si Jeanne est votre fille;
Je vous en prie, au nom de votre frère... au nom
De mon père!

DESROSIERS.

Tais-toi!... Jamais!

Léon s'assied à droite d'un air désolé.

A part.

Pauvre garçon!

Sa douleur à la fois me fait plaisir et peine...

<small>Apercevant Jeanne du côté gauche.</small>

Jeanne !

LÉON, <small>à Desrosiers.</small>

Eh bien ?

DESROSIERS.

Non, jamais !

A part.

C'est le ciel qui l'amène.

<small>Haut.</small>

Qu'on ne me parle plus d'un amour insensé !...

<small>A part.</small>

Achevez, mes enfants, ce que j'ai commencé !

<small>Il sort.</small>

SCÈNE VIII.

JEANNE, LÉON.

JEANNE, <small>entrant avec inquiétude.</small>

Léon !... J'en étais sûre !

LÉON, <small>assis.</small>

Il me met à la porte !

JEANNE, <small>à part.</small>

Comprend-on que mon oncle à ce point-là s'emporte ?

ACTE III, SCÈNE VIII.

Mon oncle, pour nous tous d'ordinaire si bon,
Je ne sais pas pourquoi, ne peut souffrir Léon.

LÉON, à part.

Mais je me vengerai!...

Apercevant Jeanne.

Jeanne!... C'est toi!... C'est elle!...

JEANNE, à part.

Hein? Qu'a-t-il donc?

A Léon.

Je crois que mon oncle m'appelle.

LÉON.

Jeanne... l'aimes-tu?

JEANNE.

Qui?

LÉON.

Lui!

JEANNE.

Lui?

LÉON, à part.

Dieu soit loué!
Elle ne l'aime pas!... Mon oncle m'a joué!

A Jeanne.

Quand on aime quelqu'un, lui, c'est celui qu'on aime!

Ton mari te déplaît... il me déplaît de même...
Plus encor!

JEANNE.

Quel mari?

LÉON.

Comment! tu ne sais pas?
Mon oncle... Il me l'a dit... mais tu refuseras,
En songeant à combien de dangers il t'expose...
Veut te faire épouser, à Melun, je suppose...
Quelque petit notaire, ou quelque médecin,
Pour causer avec lui de son métier malsain;
Pour se faire amuser quand il sera maussade,
Pour se faire soigner quand il sera malade!
Je ne puis sans fureur voir tant de déraison!
Prendre ailleurs ce qu'on a chez soi, dans sa maison!
Mais tout n'est pas fini; le cher oncle a beau faire,
Je l'empêcherai bien de terminer l'affaire.
Je t'aime, tu le sais.

JEANNE.

Vous êtes fou.

LÉON.

De toi!
Jeanne... ne prétends pas te marier sans moi.

ACTE III, SCÈNE VIII.

JEANNE.

Pourquoi donc?

LÉON.

Je suis homme à tuer tout le monde.

JEANNE.

Jadis tu me trouvais trop petite et trop blonde.

LÉON.

Moi?

JEANNE.

Je ne l'ai pas cru... mais enfin tu l'as dit.

LÉON.

Ce n'est pas vrai... C'était de l'amour, du dépit !

JEANNE.

A côté de mes sœurs tu me trouvais...

LÉON.

Peut-être...
Que veux-tu? c'est l'amour qui commençait à naître.
Aujourd'hui, je ne suis plus maître de mon cœur,
Je suis au désespoir, je suis...

JEANNE.

Tu me fais peur !

LÉON.

Mon oncle le sait bien ; mais il me sacrifie...
Il veut me marier aussi... je l'en défie !
La première venue est trop bonne pour moi...
Il me l'a dit... toujours pour m'éloigner de toi !

JEANNE.

Ingrat !

LÉON.

A son argent s'il croit que je regarde...
Je n'y tiens pas le moins du monde... qu'il le garde !
J'en ai plus qu'il n'en faut ; rien ne te manquera.
Tu veux des diamants?... on t'en accablera !
Tes sœurs en ont... c'est bien... je te promets les mêmes.
Je t'aime trop, vois-tu !... tu m'aimeras...

Tombant à ses pieds.

Tu m'aimes ?

JEANNE.

Mais non, mais pas du tout... je n'ai pas dit cela !

LÉON.

Tu m'aimes ! Je voudrais que mon oncle fût là !...

SCÈNE IX.

JEANNE, LÉON, DESROSIERS, JALABERT, MARGUERITE, CLAIRE, DE VARENNE.

DESROSIERS, à la porte du fond.

J'y suis, mon drôle !

JEANNE.

O ciel ! c'est lui !

LÉON, bas.

Tant mieux...

Haut.

Qu'il tremble !
Puisque l'on ne veut pas nous marier ensemble,
Je vais, pour commencer, devant lui, de ce pas,
Tuer les deux maris qui m'attendent en bas !
A moins que, terminant un débat qui l'afflige,
Mon oncle à t'épouser sur-le-champ ne m'oblige...
C'est mon ultimatum.

A Desrosiers.

Vous consentez ?... Merci !

DESROSIERS.

Ah ! petit intrigant... tu nous savais ici.

LÉON.

Parbleu!... Vous m'avez dit : Connue ou non connue,
Brune ou blonde, choisis la première venue...

Montrant Jeanne.

Vos désirs sont pour moi des ordres, vous voyez!...

DESROSIERS.

Je vois, mauvais sujet, que de moi vous riez.
Et tu fais bien... Prends-la vite... je te la donne.
Tout le monde consent, tout le monde pardonne.

MARGUERITE, bas à Léon, pendant que Jalabert lui rend son bouquet.

Adieu, cousin !

CLAIRE, de même, pendant que de Varenne lui rend l'autre bouquet.

Adieu !

Moment de silence.

LÉON, cachant les bouquets, et regardant Jeanne.

Jeanne !

DESROSIERS, bas à Jeanne.

Il n'aime que toi !

Haut.

Allons, mariez-vous !... enfants... c'est malgré moi !

A Léon.

Tu ne voulais pas d'elle autrefois, cœur volage !

LÉON.

Moi, mon oncle?...

ACTE III, SCÈNE IX.

DESROSIERS.

Ai-je bien joué mon personnage ?

JEANNE.

Comment ?

DESROSIERS.

Neuvième chant du *Paradis perdu !*...
J'étais le vieux serpent...

A Jeanne.

Toi, le fruit défendu !...

FIN DU FRUIT DÉFENDU.

LES

ENNEMIS DE LA MAISON

COMÉDIE EN TROIS ACTES

Représentée pour la première fois à Paris,
sur le théâtre de l'Odéon (Second Théâtre-Français), le 6 décembre 1850.
Reprise au Théâtre-Français le 29 novembre 1854.

PERSONNAGES

REYNAL, notaire à Paris.	MM. RÉGNIER.
MAURICE DESBRISSEAUX.	BRESSANT.
LE COMTE OSCAR DE SAINT-REMY.	SAINT-GERMAIN.
LA BARONNE DE BEAUPRÉ.	Mmes ALLAN.
MADAME REYNAL.	FAVART.
HÉLÈNE, sœur de Reynal.	ÉMILIE DUBOIS.
FANCHETTE.	VALÉRIE.

La scène se passe à Enghien.

LES
ENNEMIS DE LA MAISON

ACTE PREMIER

Une salle élégante, au rez-de-chaussée, donnant sur le lac par un petit pont tenant à la porte du fond. Deux portes à droite, et une à gauche ; une console au premier plan à gauche ; une table sur le devant et un canapé à droite.

SCÈNE PREMIÈRE.

REYNAL seul.

Il tient une boîte à pistolets d'une main et de l'autre une lettre ouverte. Il lit.

« Étoile de ma vie, idole de mon âme,
« Chère Adèle!... » Le comte est l'amant de ma femme!...
C'est lui, bien sûr ! Au fait, pour quelle autre raison
Vivrait-il, du matin au soir, dans ma maison ?
Il ne se cache pas pour entrer... au contraire...
A moins de m'avertir, il ne pouvait mieux faire.

Fou que je suis !... Jadis monsieur de Saint-Remy
N'était que mon client... j'en ai fait mon ami.
Du lion à la mode au lieu de prendre ombrage,
J'ai moi-même enfermé le lion dans ma cage.
Enghien lui déplaisait... moi, j'habitais Enghien...
J'ai voulu qu'il louât un chalet près du mien.
Rien qu'à l'empressement qu'il mettait à se rendre,
J'aurais pu, moins aveugle, aisément tout comprendre :
Un homme aussi couru, sans de graves raisons,
Ne se condamne pas à pêcher des poissons ;
Et depuis quatre mois, dans une paix profonde,
Chez moi ce sot plaisir absorbe tout le monde ;
Mais je n'ai rien compris, rien vu, rien deviné !
Au divin célibat notaire destiné,
Sans femme, sans amis et sans inquiétude,
J'étais heureux avec ma sœur et mon étude...
Tout autre se serait contenté de cela ;
Mais le bon sens se tut et l'orgueil seul parla.
Chez mon meilleur client, le général d'Hormille,
Du baron de Beaupré je rencontrai la fille ;
Avant même de rendre hommage à sa beauté,
Son nom, son noble nom flatta ma vanité.
A mieux que moi sans doute elle pouvait prétendre ;

Mais, n'ayant point de dot, elle daigna me prendre.
Dès lors, dans mon salon de notaire à Paris,
On n'entra plus à moins d'être comte ou marquis.
Madame de Beaupré, ma noble belle-mère,
Entretenant en moi cette absurde chimère,
Fit tant que, des grandeurs pour suivre le chemin,
J'oubliai le bonheur que j'avais sous la main.
Ma femme... ce n'est pas sa faute, je l'adore...
Avec elle et ma sœur, tout irait bien encore ;
Ce serait si gentil de vivre tous les trois
A Paris, simplement, comme de bons bourgeois !
Mais la mode le veut, la vanité l'ordonne,
Il faut s'expatrier du printemps à l'automne ;
Et tandis que monsieur, pendant six jours entiers,
Fait pour un peu d'argent le plus sot des métiers,
Il relègue bien loin de chez lui sa compagne,
Pour qu'on dise : Reynal a maison de campagne !
Reynal n'est qu'un niais... Il a tort d'être fier ;
Sa maison sur le lac d'Enghien coûte trop cher,
Si dans cette maison, dont il jouit à peine,
Ouvrier sans dimanche, une fois par semaine,
Ses plus nobles amis le remplacent si bien,
Qu'un jour, innocemment, sans se douter de rien,

Il trouve ces beaux vers adressés à sa femme :

« Étoile de ma vie, idole de mon âme ! »

Oh! depuis ce matin, que de réflexions

Ont rabattu l'orgueil de mes illusions!...

Monsieur le comte Oscar de Saint-Remy, je jure...

<small>Il se trouve en face d'une glace placée sur la console.</small>

Mon pauvre ami Reynal, quelle triste figure!

<small>Il ouvre la boîte.</small>

Ces pistolets sont beaux ; mais ça ne suffit pas.

Je suis fait pour manquer mon homme à quinze pas,

Tandis que lui, ce comte... Enfin, voyons Adèle.

<small>Il sonne.</small>

Il doit être très-fort.

SCÈNE II.

REYNAL, FANCHETTE.

REYNAL.

Ma femme... que fait-elle?

FANCHETTE.

Madame est sur le lac.

REYNAL.

Seule?

FANCHETTE.

Par quel hasard, Monsieur...

REYNAL.

Madame est-seule?

FANCHETTE.

Avec monsieur Oscar.

REYNAL, à part.

Je l'aurais parié.

FANCHETTE, voulant sortir.

Je vais...

REYNAL.

C'est inutile!

FANCHETTE.

Monsieur est donc entré par la porte de l'île?...
On n'attendait Monsieur que demain, samedi.

REYNAL.

Que fait ma belle-mère?

FANCHETTE.

Il est presque midi,
Elle dort... c'est bon genre!

REYNAL.

A midi, dans sa chambre,

Dans son lit, par un temps superbe, au vingt septembre !
De ce bon genre-là je me lasse à la fin.
On ne l'attendra pas pour déjeuner; j'ai faim !
Qu'elle dorme !... Et ma sœur, dort-elle aussi?

<small>Il ôte son paletot dans la poche duquel sont les vers, et le jette à Fanchette.</small>

FANCHETTE.

Non, certe;
Tous les jours sa fenêtre est la première ouverte...
Elle travaille en haut du matin jusqu'au soir.

REYNAL, à part.

Chère enfant !

<small>Haut.</small>

Laissez-moi.

FANCHETTE.

Si Monsieur veut la voir...

REYNAL.

Non, pas encore. Allez... n'avertissez personne.

FANCHETTE.

Madame de Beaupré va sonner... midi sonne.

<small>On entend sonner.</small>

Là !...

<small>Regardant Reynal.</small>

Pour avoir quitté l'étude un vendredi,

Sur quelle herbe a-t-il donc marché? C'est bien hardi.
Le voilà dans ses nerfs et dans son humeur... jaune;
Je ne m'y frotte plus, je sais ce qu'en vaut l'aune.
Pauvre homme! j'en ai vu rarement de meilleurs;
Mais dans cette maison rien ne va comme ailleurs.
Monsieur Reynal est doux comme un mouton; sa femme
Est charmante... et monsieur fait endiabler madame!

REYNAL.

Encore ici!

FANCHETTE.

J'y vais.

Elle sort.

SCÈNE III.

REYNAL, puis HÉLÈNE.

REYNAL.

Le comte me tuera!...
Et tout le monde, au lieu de me plaindre... en rira!
Un malheureux mari qui succombe à la peine,
C'est risible, en effet... après cinq mois!... Hélène!
Chère enfant...

HÉLÈNE.

J'étais loin de t'attendre aujourd'hui.
Adèle va monter ; elle pêche...

REYNAL.

Avec qui ?

HÉLÈNE.

Toute seule.

REYNAL.

Ah !...

HÉLÈNE.

Monsieur Oscar est auprès d'elle ;
Mais ça ne compte pas. Sur la ligne d'Adèle
Il veille de loin, met le ver à l'hameçon,
Et, quand le poisson mord, décroche le poisson ;
C'est son métier.

REYNAL.

Enfant !...

HÉLÈNE.

L'ennuyeux personnage !
Adèle ne peut pas le souffrir.

REYNAL, à part.

Heureux âge !...

SCÈNE IV.

HÉLENE, REYNAL, OSCAR, ADÈLE,
puis MADAME DE BEAUPRÉ.

OSCAR, dans la coulisse, à droite.

Venez donc... venez donc... on n'attend plus que vous.

REYNAL, à part.

Les voilà !

OSCAR, entrant.

Tiens, Reynal !

ADÈLE, à Reynal.

Comment, monsieur, c'est vous?

REYNAL.

Moi-même !...

OSCAR.

Il était temps !... C'est à midi qu'on tire
Mes verveux... Nous partions pour les voir...

ADÈLE.

C'est-à-dire...

OSCAR, voyant les pistolets.

Ah ! ah ! maître Reynal !...

HÉLÈNE, à part.

Ciel!

OSCAR.

Qu'est-ce que cela
Chassez-vous au client avec ces bijoux-là?
Moi qui précisément vous prépare une affaire...

REYNAL.

D'honneur?

OSCAR.

Presque... d'argent! Pistolets de notaire...
Ils sont charmants... et n'ont jamais servi...

REYNAL.

Plus bas!...
Les vôtres valent mieux?

OSCAR.

Parbleu!

A part.

Je n'en ai pas.

Haut

En route!

REYNAL, à part.

Ferrailleur!

ADÈLE.

Ma mère où donc est-elle?

MADAME DE BEAUPRÉ, entrant.

Moi?... Que vois-je? Reynal! Bonjour; bonjour Adèle
De quoi s'agissait-il?

OSCAR.

C'est le jour des verveux.
Si vous voulez venir les voir?

MADAME DE BEAUPRÉ.

Si je le veux!

ADÈLE.

Mais...

MADAME DE BEAUPRÉ.

J'adore la pêche, et j'y suis fort habile.
C'est une passion qui date de Trouville.
Dans le canot-major d'un bâtiment royal
Nous pêchions tous les jours.

ADÈLE, bas.

Ma mère...

MADAME DE BEAUPRÉ.

Allons, Reynal!

ADÈLE, à Reynal.

Vous ne venez pas?

REYNAL.

Non.

ADÈLE.

Voulez-vous que je reste?

REYNAL.

Le comte vous attend, allez.

A part.

Je le déteste.

ADÈLE, s'éloignant.

J'obéis.

REYNAL, à part.

Elle y va!

ADÈLE, à part, après quelque hésitation.

C'est le dernier moyen...

A Hélène.

Viens-tu, petite sœur?

HÉLÈNE.

Non, merci, merci bien!

Oscar, Adèle et madame de Beaupré sortent par le fond.

SCÈNE V.

REYNAL, HÉLÈNE.

REYNAL.

J'avais, certainement, mille choses à dire ;
Et je n'ai rien trouvé, pas un mot ! Doit-il rire,
Ce fat de Saint-Remy !... Je suis sûr qu'à présent
Ils se moquent entr'eux du mari complaisant,
Dont le premier venu, sans même qu'il réclame,
Pour ses menus plaisirs peut emprunter la femme.
Et penser que je suis sottement resté là !...
Aussi, comment prévoir ?... J'entre, et chacun s'en va,
Sans demander ce qui m'amène.

HÉLÈNE, à part.

Pauvre frère !...

REYNAL.

C'est la faute du comte et de ma belle-mère.
Adèle fût restée... Adèle vaut mieux qu'eux...
Je les éloignerai d'Adèle tous les deux !
On me l'a dit cent fois, avant mon mariage,
Les mères, les amis, gâtent tout en ménage,
Ma belle-mère abuse, et cela me déplaît,

Quant au comte... Il a l'air très-fort au pistolet !...
Tant pis, je saurai bien...

<small>On sonne.</small>

Allons, voilà qu'on sonne !

<small>Il se retourne et aperçoit sa sœur.</small>

Hélène... je n'y suis pour personne... personne !
Dis... ce que tu voudras... je ne veux pas les voir.
Je suis sorti... je suis...

<small>Hélène sort.</small>

Je suis au désespoir !
L'amitié ne vaut rien, et son nom seul m'irrite ;
J'exècre tout le monde.

HÉLÈNE, <small>dans la coulisse.</small>

Au contraire, entrez vite.

SCÈNE VI.

REYNAL, HÉLÈNE, MAURICE.

REYNAL.

Plaît-il ? Je n'y suis pas. Si l'on entre, je sors.

HÉLÈNE.

C'est un ami.

REYNAL.

Raison de plus !... mets-le dehors.

HÉLÈNE.

Ingrat ! Regarde donc.

Maurice paraît.

REYNAL.

Que vois-je ?... Quelle joie !...

MAURICE.

Cher ami !

REYNAL, l'embrassant.

Cher cousin !... c'est le ciel qui t'envoie.

MAURICE.

Le ciel !...

REYNAL.

Si tu savais combien je suis heureux !

MAURICE, regardant Hélène.

Je le crois... ton bonheur, cher cousin, saute aux yeux.
Reçois les compliments que ce bonheur réclame ;
Je ne puis en douter, en regardant madame.

REYNAL.

Madame !... Elle !...

HÉLÈNE, à Maurice.

Je suis fière de votre erreur.
Madame !... Cher cousin, je ne suis que sa sœur.

REYNAL.

Hélène.

MAURICE.

Se peut-il? cette petite Hélène...

REYNAL.

Quinze ans.

HÉLÈNE.

Seize, monsieur... la semaine prochaine.

MAURICE.

Comme la voilà grande et belle !

REYNAL, à Hélène.

Sors un peu.

A Maurice.

Une enfant !

MAURICE, à Hélène.

Pour son frère on l'est toujours.

HÉLÈNE, à Maurice.

Adieu !

MAURICE.

Au revoir.

HÉLÈNE, bas.

Vous pouvez nous rendre un grand service...

Je vous expliquerai cela, monsieur Maurice.

MAURICE.

Quoi ! vous vous souvenez encore de mon nom ?

HÉLÈNE.

Je crois bien !

Bas.

Consolez mon frère.

MAURICE.

Qu'a-t-il donc ?

HÉLÈNE, bas.

Je ne sais trop en quoi sa tristesse consiste :
Mais tout ce dont je suis sûre... c'est qu'il est triste...
Vous aussi !

MAURICE, tristement.

Moi !

HÉLÈNE.

La mer m'effraie horriblement.
Y retournerez-vous encor ?

MAURICE.

Certainement.

Hélène sort.

SCÈNE VII.

REYNAL, MAURICE.

REYNAL, à part, au fond.

Ils ne reviennent pas... c'est étrange !

MAURICE, à lui-même.

Oui, sans doute,
La route que je suis est une triste route,
Sur son rivage heureux j'espérais m'arrêter,
Mais il la faut reprendre, et ne la plus quitter.

REYNAL.

Les garçons, qui n'ont pas de femmes, sont bien sages...
N'est-il pas vrai ?

MAURICE.

Pardon, j'étais dans les nuages.

Ils se regardent en face, puis se détournent.

REYNAL, à part.

Pauvre Maurice !... est-il changé depuis deux ans !

MAURICE, à part.

Pauvre Reynal ! Il a déjà des cheveux blancs !

REYNAL, à part.

Ces malheureux marins !...

MAURICE, à part.

Ces malheureux notaires!...

REYNAL, à part.

La mer les tue.

MAURICE, à part.

Ils sont tués par les affaires.

Haut.

Tu devrais voyager, Reynal.

REYNAL.

Si tu m'en crois,
Tu te reposeras pendant cinq ou six mois.

MAURICE.

Avant cinq ou six jours, je repars pour Marseille ;
Viens avec moi.

REYNAL.

Merci !

MAURICE.

Viens, je te le conseille.

REYNAL.

Et mes clients, mon cher... et ma femme? Je suis...

MAURICE.

Je le sais. Ce matin on me l'a dit... Depuis...

REYNAL.

Depuis bientôt cinq mois c'est une chose faite.

MAURICE.

Et tu te plains!... Ta femme est donc?...

REYNAL.

Elle est parfaite !
Mais... Au fait, j'oubliais... quelle distraction !
On doit trouver tout bien dans ta position...
Ce que tu m'as écrit à ton dernier voyage...

MAURICE.

Plaît-il ?

REYNAL.

Je m'en souviens. A quand le mariage ?

MAURICE.

Des Indes dans huit jours je reprends le chemin.

REYNAL.

Quoi !

MAURICE.

C'est d'un exilé que tu serres la main.
Pour la dernière fois, prêt à quitter la France,
Je t'apportais, ami, ma triste confidence...
Chez toi, pour te revoir, t'embrasser et partir,

ACTE I, SCÈNE VII.

J'ai couru ce matin... tu venais de sortir.
Grâce au chemin de fer, j'ai volé sur tes traces ;
Et maintenant, adieu !

REYNAL, le retenant.

Fi donc ! quoi que tu fasses ,
Je me garderai bien de te laisser aller.
D'ailleurs, n'avons-nous pas des comptes à régler ?
De l'ami, du cousin, si la voix est suspecte,
Le notaire a des droits qu'il faut que l'on respecte.
Je te dois de l'argent.

MAURICE.

Bast !

REYNAL.

Je t'en dois beaucoup...
Bon gré, mal gré, mon cher, je te remettrai tout.
Le vieux docteur Reynal, ton grand-oncle et le nôtre ,
T'a laissé la moitié de ses biens... à nous l'autre :
Deux cent bons mille francs pour ta part en écus ;
Cent mille pour ma sœur, et pour moi le surplus.

MAURICE.

Cela m'est bien égal.

REYNAL.

C'est toujours bon à prendre.

On t'avait donc promis?...

MAURICE.

De m'aimer... de m'attendre...
Alors, j'étais parti plein d'espoir, plein d'ardeur ;
Un nom béni chantait dans le fond de mon cœur.
Au milieu des écueils et des périls sans nombre
Une étoile toujours brillait dans mon ciel sombre...
Toujours mes yeux cherchaient sur des bords inconnus
L'heureux port où déjà l'on ne m'attendait plus !
C'est juste !... j'étais pauvre et lieutenant à peine...
Peut-être eût-on voulu du riche capitaine !...

REYNAL.

Capitaine !... mon cher, tu te consoleras !
<small>Apercevant sa décoration.</small>
Et ce petit ruban que je ne voyais pas !
Bravo !... La pauvre femme a fait une folie...
On te regrettera.

MAURICE.

J'aime mieux qu'on m'oublie.
Quand je revins, avant le moment convenu,
Sans m'avoir seulement par un mot prévenu,
Celle que j'aime encor plus que je ne la blâme,
Depuis longtemps déjà d'un autre était la femme.

ACTE 1, SCÈNE VII.

REYNAL.

D'un sot, probablement.

MAURICE.

On me l'a dit.

REYNAL.

Crois-moi,
Le sot qui te l'a prise est plus volé que toi.
Ces positions-là, mon cher, sont très-communes ;
De beaucoup de maris j'ai vu les infortunes,
Et je ne connais rien de plus désobligeant
Que d'être, par sa femme, aimé pour son argent !
La mienne n'avait rien... qu'un grand nom, l'habitude
Du luxe, du plaisir... Moi, j'avais mon étude,
J'étais riche... entre nous, crois-tu, de bonne foi,
Que sans cela jamais elle eût voulu de moi ?
Elle a fait... ce que font les autres... c'est l'usage,
Comme on traite une affaire, on traite un mariage ;
Quant à l'amour, il vient plus tard, ou ne vient pas.
Monsieur demeure en haut... madame loge en bas...
Monsieur n'est pas content... madame est mécontente ;
Souvent madame pleure, et monsieur s'en tourmente..
Voilà précisément notre histoire à tous deux ;

Ma femme est malheureuse, et je suis malheureux.
Ainsi, console-toi; ma part vaut bien la tienne;
Avant, après... toujours il faut que l'on y vienne :
Et, tandis que l'amant, comme toi dédaigné,
Est fier au moins d'avoir un moment seul régné;
L'infortuné mari qui n'a pas connu même
La douce illusion de croire un jour qu'on l'aime,
Se trouve tout à coup réduit à soupirer...
Devant des pistolets... qu'il ne sait pas tirer !

MAURICE.

Que dis-tu ?

REYNAL.

J'en suis là, mon pauvre ami.

MAURICE.

Ta femme...

REYNAL.

« Étoile de ma vie, idole de mon âme!... »
Voilà les jolis vers qu'un de mes bons amis,
Le premier, le meilleur... où donc les ai-je mis?...
Et je ne dirais rien !

MAURICE.

Reynal, je t'en conjure...

REYNAL.

Tu veux...

MAURICE.

Non... comme toi je ressens ton injure ;
Mais avant de se plaindre, avant de s'emporter,
Il faut, je crois...

REYNAL.

Tu crois qu'il faut encor douter.
« Étoile de ma vie !... »

MAURICE.

As-tu des preuves ?

REYNAL.

Diable !
Cela ne suffit pas ?

MAURICE.

Sans doute... il est probable
Que ton ami... Pourtant, tu le sais comme moi,
Nous avons mille fois écrit ça...

REYNAL.

Pas moi... toi !

MAURICE.

Et de mes mauvais vers, de ta mauvaise prose,

Il ne résultait rien, ou du moins peu de chose.
Tant qu'un amant écrit, il n'est pas dangereux ;
On supprime cela dès que l'on est heureux.

REYNAL.

Alors je dois bénir ces vers dont l'impudence...
Maurice, j'avais mieux reçu ta confidence.

MAURICE.

Ah ! de mon amitié ne doute pas ainsi !
J'étais prêt à partir, Reynal... je reste ici.
Ta femme est ma cousine, un insolent l'offense,
Sois tranquille... c'est moi qui prendrai sa défense !
S'il est vrai que le fat, dans un lâche dessein...
Je sais me battre, moi.

REYNAL.

Que dis-tu, cher cousin ?

MAURICE.

Je voudrais que ce fût...

REYNAL.

Hein ?

MAURICE.

Pour avoir en face
Un homme à qui parler, un homme à qui...

REYNAL.

        De grâce
Prends garde... Je le crois très-bon tireur.

MAURICE.

        Tant mieux.

REYNAL.

Il faudrait voir pourtant, avant tout, de nos yeux...
Toi-même tu m'as dit, Maurice, que peut-être...

MAURICE.

La vérité sera facile à reconnaître.
Veux-tu t'en rapporter à moi?

REYNAL.

        Complétement;
Mais plus de duel, fi! c'est un vieux dénoûment.
Dans son fourreau, cousin, rengaîne ton épée.
Ma loyale amitié par le comte est trompée,
Soit; je vais me venger de lui sans coup férir,
Et ta présence ici suffit pour le punir.
J'en mourrais de chagrin si j'étais à sa place :
Voir un joli garçon plein d'esprit, plein de grâce,
Près de celle que j'aime, installé devant moi!
Oui, je veux qu'à son tour il soit jaloux... de toi.

MAURICE.

Hein ?

REYNAL.

Je te recommande aussi ma belle-mère...
J'en possède une...

MAURICE.

Alors, je connais ton affaire.
Pauvre ami !

REYNAL.

Tu connais ma belle-mère ?

MAURICE.

Non...
Mais ce type est perdu de réputation.
Il me semble la voir, longue, raide, revêche,
Jaune et ridée... hein ?

REYNAL.

Non... jeune encore, encor fraîche.

MAURICE.

Dans ton ménage, ainsi qu'autrefois dans le sien,
S'occupant de tout ?

REYNAL.

Non, ne s'occupant de rien.

ACTE I, SCÈNE VII.

MAURICE.

Sotte?

REYNAL.

Non, bel esprit.

MAURICE.

C'est plus désagréable.

REYNAL.

Non... véritablement, elle est assez aimable.

MAURICE.

Est-ce qu'elle jouerait à la bouillotte?

REYNAL.

Non !
Au contraire...

MAURICE.

En ce cas, de quoi te plains-tu donc?
A tout ce que je dis tu réponds : au contraire.
Est-elle avare?

REYNAL.

Non... elle est... ma belle-mère!...
Je n'en dis pas de mal, du reste, tant s'en faut!
Elle a d'autres vertus ; mais elle a ce défaut.
Fidèle à ses devoirs de mère de famille,

Elle a bien élevé, bien marié sa fille;
Mais, depuis!... en mes mains abdiquant le pouvoir,
On dirait qu'elle fait semblant de ne rien voir.
Sans être tout à fait légère, elle est frivole;
Elle aime ce niais de comte... elle en raffole.
Jadis, elle eût compris que chez soi, sans danger,
On ne peut recevoir toujours un étranger;
Elle eût habilement su le mettre en demeure
D'épouser, ou sinon de déguerpir sur l'heure...
Maintenant, ma maison livrée aux ennemis,
Semble une auberge ouverte où chacun est admis.
Ma belle-mère est loin de vouloir me déplaire;
Mais... mais, je te l'ai dit, elle est ma belle-mère!
De même que le comte est mon ami... mortel!
Quand tu te marieras, aux deux coins de l'autel,
Tu verras là, les yeux et le cœur pleins de joie,
Deux êtres, deux vautours, inclinés sur leur proie,
Qui, depuis ce moment, sans trêve, sans pitié,
Te feront repentir de t'être marié!
De ta femme et de toi maîtres plus que toi-même,
Ils prendront ton repos, ton temps, tout ce qu'on aime,
Ta liberté d'esprit, ta liberté de cœur,
Ta gaîté, ton amour... peut-être ton honneur!

Ta vie était heureuse, ils la rendront amère :
L'un sera ton ami, l'autre ta belle-mère.
Épouse une orpheline et ferme ta maison,
Tu ne risqueras rien... Si fait, reste garçon !

MAURICE.

C'est probable. Mais toi, ta souffrance m'afflige...
Ce que tu dis...

REYNAL.

Est vrai.

MAURICE.

Pourtant...

REYNAL.

C'est vrai, te dis-je.
Ris tant que tu voudras de mes préventions ;
C'est de la vérité que toujours nous rions.
Jusques à ce matin, confiant et sincère,
J'étais mari facile et gendre débonnaire ;
Je croyais, pauvre sot ! je ne sais pas pourquoi,
Faire une exception à la commune loi !
Je vivais... ennuyé, mais tranquille ; sans crainte
Du coup dont mon bonheur a ressenti l'atteinte...
Je n'accusais personne, et traitais en amis

Ceux qui devaient m'aimer, qui me l'avaient promis.
J'étais fou... Des amis !

MAURICE, à part.

Il est toujours le même !

Haut.

Reynal, écoute-moi : tu sais combien je t'aime;
Au collége, jadis, et jusque dans nos jeux,
On te reprochait d'être inquiet, ombrageux...

REYNAL.

Moi !

MAURICE.

Crains...

REYNAL.

Je ne crains rien. Tout ce que je désire,
Puisque contre moi seul ici chacun conspire,
Puisque le comte plaît à madame Reynal,
Puisque ma belle-mère approuve mon rival...

MAURICE.

Elle ?

REYNAL.

Oui... non... c'est-à-dire, elle aime ce qui brille...
En venant pour la voir, le comte voit sa fille...
Ce qui fait qu'au total, c'est elle, exprès ou non,

Qui couvre l'ennemi de sa protection.

Donc, je veux à tout prix me débarrasser d'elle,

Et de lui !... Pour cela, je compte sur ton zèle.

Tu m'aimes, je le sais... toi, tu me l'as prouvé...

Tout ce que tu feras d'avance est approuvé.

MAURICE.

A madame Reynal tu me permets de plaire ?

REYNAL.

Je t'y force.

MAURICE, riant.

C'est dit !

REYNAL.

Chut !

HÉLÈNE, en dehors.

Mon frère, mon frère,

Les voilà tous !

Elle entre.

REYNAL, gaîment.

Enfin !

HÉLÈNE, à part.

Moi, qui leur reprochais

Tout à l'heure d'avoir l'air triste !

SCÈNE VIII.

REYNAL, MAURICE, ADÈLE, MADAME DE BEAUPRÉ, OSCAR, HÉLÈNE.

OSCAR, au fond, sortant de la barque.

Vingt brochets!

Et dix-sept barbillons!

REYNAL, bas à Maurice.

C'est notre homme!

OSCAR, donnant la main à Adèle qui sort de la barque.

Madame...

A Reynal.

Pends-toi, brave Reynal!

MAURICE, reconnaissant Adèle.

Que vois-je?

REYNAL, bas à Maurice.

C'est ma femme.

MAURICE, à part.

Sa femme!

HÉLÈNE, à part.

Qu'a-t-il donc?

ACTE I, SCÈNE VIII.

REYNAL, bas à Maurice.

Madame de Beaupré,
Ma belle-mère! Viens.

MADAME DE BEAUPRÉ.

Je recommencerai;
C'était fort amusant!

A Oscar.

Cher comte...

REYNAL, bas à Maurice.

Elle est en verve.

MADAME DE BEAUPRÉ, à Oscar.

Vous nous restez... Hélène, allez dire qu'on serve...
Je meurs de faim.

HÉLÈNE.

Depuis une heure tout est prêt.

REYNAL, bas à Maurice.

A notre tour.

MAURICE, bas.

Je crois que... peut-être... Il faudrait...
Si tu t'étais trompé?...

REYNAL, bas.

Tant mieux!

Le présentant.

Il nous arrive,
Et je vous le présente, un aimable convive...
Mon ami, mon cousin...

ADÈLE, reconnaissant Maurice.

Dieu !

MADAME DE BEAUPRÉ.

Que vois-je ?

HÉLÈNE, à part.

Elle aussi !

REYNAL.

Maurice Desbrisseaux... Nous le gardons ici...
Il vient... je ne sais d'où... des Indes...

ADÈLE, part.

Quelle épreuve !

REYNAL.

Du Malabar.

OSCAR, à Maurice.

Vraiment ! Avez-vous vu sa veuve ?

MAURICE.

Plaît-il ?

OSCAR.

On m'avait dit... ce pays est cité...

MAURICE.

Oui, Monsieur a raison... pour sa fidélité.

Mouvement d'Adèle.

HÉLÈNE, à part.

Encor !

REYNAL.

Sans avoir pris le temps de vous connaître,
Il voulait s'en aller...

MAURICE.

Je l'aurais dû peut-être.

REYNAL.

Mais il reste...

MAURICE.

Je crains...

REYNAL.

Et restera longtemps.
Songez donc... un cousin... absent depuis deux ans !

MAURICE.

Le temps t'a paru long ; car mon dernier voyage
A duré dix-sept mois... dix-sept, pas davantage.

REYNAL.

On compte double, au moins, les campagnes sur mer !

OSCAR.

Ah! Monsieur est marin?

REYNAL.

Capitaine, mon cher,
Et décoré!... De plus, dix mille francs de rente;
Ce qui fait bien!... De plus, mon cousin, je m'en vante!
De plus...

MADAME DE BEAUPRÉ.

De plus, Monsieur meurt sans doute de faim?

OSCAR.

C'est juste.

MADAME DE BEAUPRÉ.

Au déjeuner il faut penser enfin.

OSCAR, offrant la main à Hélène.

Oserai-je?...

HÉLÈNE, refusant.

Merci... non, merci.

OSCAR, à Adèle.

Belle dame...

MAURICE, à Oscar.

Pardon... C'est un honneur qu'avant vous je réclame.

ACTE I, SCÈNE VIII.

A Adèle.

Vous ferez bien cela pour un... cousin nouveau.

Il lui prend la main et sort avec elle.

OSCAR, à part.

Maudit marin !

A madame de Beaupré.
Madame...

Il sort avec elle.

HÉLÈNE, qui les a examinés, à part.

Il la connaît.

SCÈNE IX.

REYNAL, HÉLÈNE.

REYNAL.

Bravo !
Ce n'est plus à moi seul que vous avez affaire,
Monsieur le don Juan !... Moquez-vous du notaire ;
De ses pistolets neufs riez, si vous voulez ;
J'ai là quelqu'un qui vaut mieux que vous ne valez ;
Quelqu'un qui, vous battant avec vos propres armes,
Vous fera payer cher mes soupçons, mes alarmes ;
Quelqu'un qu'on trouvera charmant, qui le sera !
Plus que vous, devant vous, et qui vous chassera.
Je l'espère... Oui, bientôt de vous je serai quitte,

Sans bruit, sans pistolets, grâce à son seul mérite,

Grâce à sa bonne mine et grâce à son esprit.

La raison du plus fort... La Fontaine l'a dit.

<small>Apercevant Hélène.</small>
Tiens, c'est toi!

HÉLÈNE.

La Fontaine a dit ailleurs, mon frère :

« Le pot de fer, un jour, brisa le pot de terre. »

REYNAL.

Sans doute.

HÉLÈNE.

J'en conclus que les faibles ont tort

D'invoquer fièrement la raison du plus fort...

Contre le pot de fer, qui rit de sa sottise,

Le pot de terre en vain veut lutter...

REYNAL.

Il se brise.

C'est ce que je disais tout à l'heure avant toi :

La raison du plus fort... et le plus fort, c'est moi!

<small>Ils sortent.</small>

FIN DU PREMIER ACTE.

ACTE DEUXIÈME

Même décor.

SCÈNE PREMIÈRE.

OSCAR, entrant.

Personne ! La maison est sens dessus dessous ;
Ce diable de marin nous bouleverse tous.
J'aurais pourtant besoin de savoir...

Il regarde au fond et appelle.

Ah ! Fanchette !

Reynal et lui, bien sûr, ont quelque chose en tête...
Ils ne peuvent pas être arrivés par hasard
Tous deux, l'un de Paris, l'autre du Malabar,
Juste le même jour, ensemble, à la même heure...
Et moi, qui bêtement depuis un mois me leurre,
Qui crois que tout le monde, intérieurement,
Pour demander ma main n'attend qu'un bon moment ;
Voilà que tout à coup un autre me remplace :
On le fête, on l'installe ; et c'est moi que l'on chasse !

SCÈNE II.

OSCAR, FANCHETTE.

FANCHETTE.

Monsieur...

OSCAR, sans la voir.

Tant qu'a duré ce déjeuner maudit,
Reynal, pour m'irriter, en a-t-il assez dit !
M'a-t-il assez criblé de bons mots... détestables !
A-t-il assez vanté les amis véritables ;
Toujours en regardant son marin !

FANCHETTE, à part.

Qu'a-t-il donc ?

OSCAR.

« Le bonheur est enfin entré dans ma maison ! »
Et cætera.

FANCHETTE.

Monsieur...

OSCAR.

Sa pauvre belle-mère,
L'a-t-il traitée aussi d'assez rude manière !
Dois-je encor m'exposer à sa mauvaise humeur ?

ACTE II, SCÈNE II.

Dois-je?... Si j'étais sûr, à peu près, que sa sœur...
Mais au fait, pourquoi pas? C'est bien hardi; n'importe!
Rentrons par la fenêtre; on m'a fermé la porte.

Il écrit.

Fanchette, ce billet ne contient rien de mal.

FANCHETTE.

J'aime à le croire.

A part.

Et puis, cela m'est bien égal.

OSCAR.

Il faut qu'avant ce soir, mademoiselle Hélène...
Prends bien garde surtout que l'on ne te surprenne.

FANCHETTE.

Fi donc! un billet doux!

OSCAR, à part.

J'étais bien plus heureux;
Je pêchais à mon aise avant d'être amoureux;
Des orages du cœur j'ignorais les secousses.

FANCHETTE, à part.

Pauvre homme!

OSCAR, à part.

J'étais né pour les passions... douces.

A Fanchette.

Qu'est-ce que l'on a fait depuis le déjeuner?

FANCHETTE.

Depuis votre départ?

OSCAR.

Oui... cherche.

FANCHETTE.

On a dîné;
Voilà tout... Maintenant, pour aller à la fête,
A moins qu'on n'ait changé de projet, on s'apprête.
Madame avec sa mère est enfermée ici...
Je ne sais ce qu'elle a, mais je crains... Les voici.

Elle sort.

SCÈNE III.

REYNAL, MAURICE, OSCAR, MADAME DE
BEAUPRÉ, ADÈLE, HÉLÈNE.

MADAME DE BEAUPRÉ, bas à Adèle, en entrant par la droite.

Il faut le renvoyer... et j'en fais mon affaire.

MAURICE, bas à Reynal, en entrant par le fond.

Sois tranquille... à tout prix je saurai t'en défaire.

MADAME DE BEAUPRÉ, à Adèle.

Laisse-moi.

ACTE II, SCÈNE III.

MAURICE, à Reynal.

Laisse-nous.

HÉLÈNE, entrant par la droite.

Que disent-ils tout bas?

OSCAR, saluant.

Mesdames, j'ai...

MADAME DE BEAUPRÉ, à Oscar.

Bonjour, cher comte.

Bas à Adèle.

Prends son bras.

OSCAR, à Adèle.

Vous allez donc au bal?

ADÈLE, hésitant.

Mais... avec vous... sans doute

REYNAL, à part.

Hein?

MAURICE, à part.

Plaît-il?

MADAME DE BEAUPRÉ.

Vous pouvez toujours vous mettre en route;
J'arriverai là-bas en même temps que vous.

ADÈLE, à Oscar.

Qu'en dites-vous, monsieur le comte, partons-nous?

OSCAR.

Je crois bien.

Ils sortent.

REYNAL, bas à Maurice.

Ils s'en vont!

MAURICE, bas à Reynal.

Suis-les... Ta sœur nous gêne, Emmène-la.

A Madame de Beaupré.

J'attends Madame.

REYNAL.

Viens, Hélène.

MADAME DE BEAUPRÉ, à part.

Pauvres hommes! on fait tout ce que l'on veut d'eux..
A nous deux, maintenant!

MAURICE, à part.

Maintenant, à nous deux!

SCÈNE IV.

MAURICE, MADAME DE BEAUPRE.

MADAME DE BEAUPRÉ.

Enfin, nous voilà seuls... Vous m'avez devinée...
J'ai bien souffert pendant cette longue journée!

Pour serrer votre main, mon bon, mon noble ami,
Ma main à tout moment se tendait à demi ;
Et, malgré moi, toujours une trop juste crainte
D'un silence cruel m'imposait la contrainte.
Mais enfin, sans qu'on ait les yeux fixés sur moi,
Nous pouvons nous parler à cœur ouvert.

MAURICE.

De quoi ?

MADAME DE BEAUPRÉ.

De ces jours d'autrefois dont notre âme est remplie,
Qu'on regrette longtemps, que jamais on n'oublie,
Du passé.

MAURICE.

Le passé, Madame, à l'avenir
Avait promis beaucoup, et n'a rien su tenir ;
N'en parlons plus. Mon Dieu ! que voulez-vous, Madame,
La femme que j'aimais de Reynal est la femme ;
Tout est là... Contenons des regrets superflus ;
Le passé... le passé mentait... n'en parlons plus !
Je pourrais, comme un autre, à la rigueur me plaindre ;
Mais madame Reynal de moi n'a rien à craindre.
C'est moi qui, seul, eus tort ; c'est moi qui follement

Pris trop au sérieux un frivole serment;
C'est moi qui, sur les flots poursuivant un doux songe,
Crus que c'était l'espoir, quand c'était le mensonge;
C'est moi qui, malheureux de si tôt m'éveiller,
Pleure encore mon rêve, au lieu de l'oublier.

MADAME DE BEAUPRÉ.

Personne n'est coupable, et vous moins que personne;
La raison seule eut tort... que l'amour lui pardonne.

MAURICE.

Madame...

MADAME DE BEAUPRÉ.

On ne fait pas toujours ce que l'on veut;
La vie est un devoir qu'on remplit comme on peut.
S'il est des cœurs constants, il en est d'infidèles...
Vous ne le savez pas... mais les femmes!... Pour elles,
Attendre un peu, souvent c'est attendre toujours;
Jouer à ce jeu-là, c'est perdre ses beaux jours.
Aussi, j'ai cru pouvoir mettre sans injustice
Le bonheur de ma fille au-dessus d'un caprice.
Vous juriez en partant d'être dans dix-huit mois...
Et vous avez tenu parole, je le vois...
Riche en position, en fortune, en mérite;
Mais j'ai trouvé quelqu'un qui l'était tout de suite.

MAURICE.

Ainsi, c'est vous, Madame...

MADAME DE BEAUPRÉ.

Oui, c'est moi. Plaignez-vous ;
Vous avez, j'en conviens, des armes contre nous...
Punissez-moi, Monsieur, d'un instant de faiblesse ;
Mon amitié pour vous égara ma sagesse...
A l'heure du départ, oubliant mon devoir,
J'allais vous dire adieu ; je vous dis : au revoir !
Il faut plaindre parfois les mères de famille ;
Je ne vous trompai pas : je vis pleurer ma fille.
Dix mois plus tard... Si cher que soit un souvenir,
Dix mois, c'est quelque chose, il faut en convenir...
Par mille empêchements, je le sais, retenues,
Vos lettres jusqu'à nous n'étaient point parvenues ;
Je devais en souffrir plus tard cruellement.
Mais enfin, mettez-vous à ma place un moment :
Vous étiez loin de nous, bien loin, monsieur Maurice ;
Votre cause en mon cœur n'avait plus de complice.
Le temps d'Adèle même avait séché les yeux...
Je plaidai contre vous souvent, et de mon mieux ;
Je fis faire à ma fille une instructive étude
Au livre de l'amour et de l'ingratitude :

Je lui persuadai, tout en vous défendant,
Que trop compter sur vous ne serait pas prudent;
Que le meilleur amant, choisi dans un grand nombre,
Pour la réalité quitte volontiers l'ombre.
Qu'en dix-huit mois on est aisément oublié;
Que vous reviendriez peut-être marié!
Que pour nous la fortune avait été cruelle,
Que mon bonheur enfin pouvait dépendre d'elle...
Au bout de quinze jours, qu'elle me demanda,
Je lui dis qu'il fallait céder... elle céda.
De nos torts envers vous voilà l'histoire vraie...
J'ajoute qu'aujourd'hui votre retour m'effraie...
De son côté, ma fille... et vous l'épargnerez...
Craint le reproche amer que vous lui préparez...

MAURICE.

Moi!

MADAME DE BEAUPRÉ.

Vous déroberez, n'est-ce pas, à sa vue,
Un amant qui la juge, un témoin qui la tue...
Reynal est votre ami, votre parent... songez
Combien, par cela seul, déjà vous vous vengez.
Vous regretteriez trop de troubler davantage
Le bonheur, ou du moins la paix de son ménage.

Nos vœux, nos souvenirs, vous suivront loin d'ici...
Vous partirez bientôt... demain... ce soir?... Merci !

MAURICE.

Je comprends qu'un retour imprévu, regrettable,
Pour madame Reynal soit un coup qui l'accable.
Elle aurait pu, peut-être, en songeant au passé,
Trouver que son secret n'était pas mal placé ;
Mais, je le vois, son cœur en cette circonstance,
S'il eut peu de mémoire, a beaucoup de prudence.
Je ne la blâme pas... je ne puis qu'accepter
L'arrêt que vous venez vous-même de dicter ;
Et, si je m'en croyais, bientôt, je le proteste,
J'aurais comblé vos vœux en partant... Mais je reste.

MADAME DE BEAUPRÉ.

Vous restez !

MAURICE.

Jusqu'au bout permettez, s'il vous plaît,
Que je parle à mon tour, comme vous l'avez fait.
Certes, je ne veux pas... en vain on le redoute,
Troubler par ma présence un bonheur... dont je doute ;
Encor moins demander à celle que j'aimais,
Compte d'un fol amour importun désormais.

Quand la fatalité dans ces lieux nous rapproche,
Le respect sur ma lèvre enchaîne le reproche...
Je reste cependant, malgré vous, malgré moi ;
Et, si vous l'ordonnez, je vous dirai pourquoi.
Reynal... je suis fâché d'avoir à le défendre ;
Mais il fut mon ami dès l'âge le plus tendre,
Il est le seul parent qui me reste aujourd'hui :
Si j'étais malheureux, je compterais sur lui.
Quand Reynal, en revanche, a besoin d'un service,
Quand il est malheureux, il compte sur Maurice !

MADAME DE BEAUPRÉ.

Mais...

MAURICE.

C'est le premier mot qu'il m'ait dit ce matin.
Son esprit est troublé, son cœur est incertain...
Bref, il est malheureux !... A tort ou non, Madame,
Il croit avoir, il a des soupçons...

MADAME DE BEAUPRÉ.

Sur sa femme ?

MAURICE.

Je ne dis pas cela... Mais monsieur Saint-Remy,
Qui ne vous quitte pas...

MADAME DE BEAUPRÉ.

Est son meilleur ami;
C'est pour lui... pour lui seul qu'il vient...

MAURICE.

Il le regrette.

MADAME DE BEAUPRÉ.

Et sa présence ici...

MAURICE.

Lui paraît indiscrète.

MADAME DE BEAUPRÉ.

Monsieur!

MAURICE.

Ce n'est pas moi qui parle; c'est Reynal.

MADAME DE BEAUPRÉ.

Reynal, jusqu'à ce jour, n'a rien vu là de mal :
Et s'il se plaint, il n'a qu'à se plaindre lui-même;
On ne recevra plus chez lui les gens qu'il aime;
Ma fille n'y tient pas, ni moi... dites-le-lui,
Puisque vous nous servez d'interprète aujourd'hui.
Ajoutez, de ma part, qu'insulter une femme,
N'est pas d'un galant homme. Adieu, Monsieur!

MAURICE.

                                                Madame,
C'est moi que l'on insulte, en me traitant ainsi !
Au nom de Reynal seul j'ai parlé jusqu'ici ;
Mais l'indignation, dont je ne suis pas maître,
Veut que la vérité se fasse enfin connaître !
Vous croyez... Et c'est moi qu'on ose soupçonner,
Lorsque je ne savais que plaindre et pardonner,
Vous croyez qu'à Reynal, exploitant sa souffrance,
J'ai misérablement inspiré ma vengeance ?
D'autres se trouveraient vengés suffisamment
En voyant le mari trompé comme l'amant ;
Mais je rougirais, moi, de ce calcul infâme ;
Je ne me venge pas... je suis jaloux, Madame !
Qu'on oublie un amant pour un mari, c'est bien,
L'amour y perd un peu, mais l'honneur n'y perd rien.
J'ai bravement subi les premières épreuves ;
Mais maintenant...

MADAME DE BEAUPRÉ.

Reynal se trompe.

MAURICE.

                                              Il a des preuves !

MADAME DE BEAUPRÉ.

Vous avez vu...

MAURICE.

Lui-même a, ce matin, trouvé
Une lettre, des vers, qui n'ont que trop prouvé...

MADAME DE BEAUPRÉ.

Ma fille est sous ma garde !

MAURICE.

Eh ! madame, à Trouville
Vous la gardiez de même, et c'était inutile.

MADAME BE BEAUPRÉ.

Ah ! vous me punissez, Monsieur, cruellement.

MAURICE.

J'ai tort... pardonnez-moi... j'ai tort, certainement.
Quand vous ne méritez que ma reconnaissance,
De vos bontés pour moi j'accuse l'indulgence ;
Madame, votre accueil, que je devrais bénir,
Est et sera toujours cher à mon souvenir ;
Sans jamais abuser de cet accueil de mère,
Du bonheur, près de vous, je rêvais la chimère ;
Se préparant de même un douloureux regret,
Quelque autre, comme moi, peut rêver en secret.
Si Reynal se trompait, d'ailleurs... il aime Adèle...

Il craint de ne pas être apprécié par elle;
Ce funeste billet égarant sa raison,
Il ne s'arrête plus de soupçon en soupçon.
Autant que je l'ai pu, j'ai calmé sa colère;
Et si je ne craignais encor de vous déplaire...

MADAME DE BEAUPRÉ.

Parlez.

MAURICE.

Je vous dirais qu'on peut facilement
Rendre à tous le repos et le bonheur.

MADAME DE BEAUPRÉ.

Comment?

MAURICE.

Chez une jeune femme, on vient peu d'ordinaire,
Si l'on n'y doit trouver son mari ni sa mère;
Et peut-être Reynal craindrait moins Saint-Remy,
Si vous n'étiez pas là pour couvrir l'ennemi.

MADAME DE BEAUPRÉ.

Il pense donc...

MAURICE.

Sait-il lui-même ce qu'il pense!
Vous pourriez tout sauver par quelques jours d'absence;

Les maris sont souvent ombrageux et jaloux ;
Le mot de belle-mère est effrayant pour nous.
Adèle, dites-vous, réclame un sacrifice ;
Qu'un intérêt si grand, si cher nous réunisse.
Tout ce que de sa part vous exigiez ici,
J'ai promis à Reynal de l'exiger aussi ;
Elle veut mon départ, lui... désire le vôtre :
Soumettons-nous, Madame, et partons l'un et l'autre.
L'exil ne durera pour vous que peu de jours...

MADAME DE BEAUPRÉ.

Je partirai demain.

MAURICE.

Moi, ce soir... pour toujours !

SCÈNE V.

MADAME DE BEAUPRÉ, MAURICE,
HÉLÈNE.

HÉLÈNE, entrant au fond.

Ah ! vous voilà, cousin... C'est vraiment très-aimable...
A part.
Je les gêne.

MAURICE.

La fête... était...

HÉLÈNE.

Insupportable.
Et vous avez bien fait de vous en dispenser.

MADAME DE BEAUPRÉ.

Mais nous en arrivons; nous avons vu danser.

HÉLÈNE.

J'ai bien cherché pourtant...

MADAME DE BEAUPRÉ.

Vous avez pris, sans doute,
Par le lac...

HÉLENE.

En effet.

MADAME DE BEAUPRÉ.

Nous, par la grande route.

HÉLÈNE, à part.

Ce n'est pas vrai.

Haut.

Pendant que vous vous amusiez,
Je m'ennuyais beaucoup, quoi que vous en disiez.
Monsieur Oscar n'a pas quitté la pauvre Adèle;
De son côté, mon frère était toujours près d'elle,
Comme un vilain jaloux, la suivant pas à pas;

Sans s'occuper de moi, qui, pendue à son bras,
Maudissais les maris de tout mon cœur.

MADAME DE BEAUPRÉ.

Hélène !

HÉLÈNE, à Maurice.

Vous vaudrez mieux que lui, cousin, j'en suis certaine.
Nous venons de laisser enfin au bord de l'eau
Monsieur Oscar, avec son éternel bateau ;
Et puisque, grâce au ciel, m'en voilà délivrée,
Je ne veux plus le voir de toute la soirée...
Jouissez-en ! Mon cœur a reconnu son pas,
Je me sauve... bonsoir.

A Maurice.

Vous devez être las...
Quand on a tant couru.

MAURICE.

Vous m'en voulez ?

HÉLÈNE.

Peut-être.
Non... à demain... Ce bal, cousin, ce bal champêtre,
Vous l'avez donc trouvé...

MAURICE.

Charmant.

HÉLÈNE, à madame de Beaupré.

Et vous?

MADAME DE BEAUPRÉ.

Très-beau.

HÉLÈNE, à part.

Ils ne sont pas sortis... il n'a pas son chapeau!
Chacun son tour...

Haut.

Voici ma vengeance qui monte.

Elle sort.

SCÈNE VI.

MADAME DE BEAUPRÉ, MAURICE.

Un domestique apporte le thé, qu'il pose sur la table à gauche.

MAURICE.

Madame...

MADAME DE BEAUPRÉ.

Je vais donc lui parler, à ce comte!

MAURICE.

Non. Croyez-moi, Madame, un mot peut tout brouiller.
La vérité m'effraie, et doit vous effrayer.
Cette enfant vous l'a dit... devant tous, devant elle,
Il n'a pas un moment quitté le bras d'Adèle,
Tandis qu'à ses côtés, Reynal...

SCÈNE VII.

MADAME DE BEAUPRÉ, MAURICE, OSCAR.

OSCAR, entrant.

Ah! diable...

MADAME DE BEAUPRÉ.

Eh bien,
Qu'avez-vous donc, monsieur Oscar?

OSCAR.

Moi, je n'ai rien...
Je cherchais...

MAURICE.

Qui?

MADAME DE BEAUPRÉ.

Reynal, sans doute?

OSCAR.

Non, Madame...
Il est dans le jardin... je crois...

MAURICE.

Avec sa femme?

OSCAR, voulant sortir.

S'il vous savait ici...

MADAME DE BEAUPRÉ, au domestique.

Prévenez-les, Victor.

Victor sort.

Une tasse de thé, monsieur Maurice.

OSCAR, prenant la tasse.

Encor.

MAURICE, à part.

Plus je le vois, et plus je la trouve coupable.

SCÈNE VIII.

MADAME DE BEAUPRÉ, MAURICE, OSCAR, REYNAL, ADÈLE.

MADAME DE BEAUPRÉ, à Reynal.

Arrivez donc, Monsieur, on vous attend...

REYNAL, regardant Oscar.

A table.

A part, regardant madame de Beaupré.

Elle est vexée!

ADÈLE, à part, regardant Maurice.

Il a des larmes dans les yeux!

REYNAL, à Maurice et à madame de Beaupré.

Ah çà, qu'êtes-vous donc devenus tous les deux ?
Le soir, au clair de lune, on gèle... mais on cause
Tout bas...

A Adèle.

J'avais encore à vous dire autre chose.

ADÈLE.

Plus tard.

REYNAL, bas, à Maurice.

Eh bien ?

ADÈLE, bas, à madame de Beaupré.

Eh bien, ma mère ?...

MAURICE, bas, à Reynal.

Elle s'en va.

REYNAL, bas.

Vrai... Quand ?

MAURICE, bas.

Demain.

REYNAL, à part.

Enfin !

MADAME DE BEAUPRÉ, bas, à Adèle.

Il part ce soir.

ADÈLE, à part.

Déjà!

OSCAR, à Reynal.

Pardon...

MAURICE, bas, à Reynal.

De son départ ne disons rien encore...
Peut-être vaut-il mieux que sa fille l'ignore.

OSCAR, à Reynal.

Je voudrais vous parler demain.

REYNAL.

Ah! volontiers.

MADAME DE BEAUPRÉ, à Oscar.

Je croyais que demain pour Londres vous partiez.

OSCAR.

Pour Londres !

MADAME DE BEAUPRÉ.

Je croyais qu'une affaire pressée...

OSCAR.

Pour Londres... Je n'en ai jamais eu la pensée.

MAURICE, bas, à Adèle.

J'ai promis de partir, et partirai dans peu...
Accordez-moi du moins un mot, un seul...

ACTE II, SCÈNE VIII.

ADÈLE, tristement.

Adieu.

OSCAR, à part.

Qu'est-ce qu'elle veut donc que j'aille faire à Londre?

MADAME DE BEAUPRÉ, bas, à Oscar.

Je sais tout.

OSCAR.

Vous savez...

MADAME DE BEAUPRÉ, de même.

Qu'avez-vous à répondre ?
Ce n'est pas bien... c'est mal, monsieur de Saint-Remy ;
Vous, que chacun de nous traitait comme un ami.

OSCAR.

Madame...

MADAME DE DEAUPRÉ, de même.

Oser aimer !

OSCAR.

Madame...

MADAME DE BEAUPRÉ, de même.

Oser écrire !

OSCAR, à part.

Je suis pris.

Haut.

Mille fois j'ai voulu tout vous dire.

MADAME DE BEAUPRÉ.

A moi!

OSCAR, à part.

Comment si vite a-t-elle pu savoir...?

Il veut parler, madame de Beaupré lui lance un regard sévère.

A Reynal.

A demain, n'est-ce pas?

REYNAL.

A vos ordres... Bonsoir.

OSCAR, saluant Adèle.

Madame...

ADÈLE, avec bonté.

Vous partez, Monsieur, pour l'Angleterre?
Pourquoi de ce projet nous avoir fait mystère?
Aux amis qui s'en vont on songe avec regret...

OSCAR, à part.

Allons... c'est un complot.

Il salue Reynal.

REYNAL.

Vous partez?

OSCAR, après un moment de silence.

En effet!

J'ai l'honneur...

A lui-même.

J'en serai pour le port de ma lettre...
Je le dois à Franchette, et vais le lui remettre.

Il sort.

SCÈNE IX.

MADAME DE BEAUPRÉ, MAURICE, REYNAL, ADÈLE.

MAURICE, à lui-même.

« Aux amis qui s'en vont on songe avec regret... »
Est-ce au comte, est-ce à moi qu'Adèle...? Elle pleurait!

REYNAL, à part.

Et d'un... Bon!

MADAME DE BEAUPRÉ.

Nous rentrons... ma fille est fatiguée...

Bas, à Adèle.

Chère enfant, tâche donc de paraître plus gaie!

ADÈLE.

Vous voulez...

MADAME DE BEAUPRÉ.

Je te plains; mais il le faut. Bonsoir.

Adèle sort par la droite.

SCÈNE X.

MADAME DE BEAUPRÉ, MAURICE, REYNAL.

MADAME DE BEAUPRÉ, à Reynal.

Adieu... votre bonheur est mon premier devoir.

A Maurice.

Je vous verrai demain?

MAURICE.

A Paris.

MADAME DE BEAUPRÉ.

Je l'espère.

A Reynal.

Je ne vous en veux pas... Contre une belle-mère
On a des préjugés... injustes quelquefois ;
De vingt ans de tendresse on craint les anciens droits,
On a tort. Sans combattre, abandonnant la place,
L'ennemi se retire, et le soupçon s'efface.
Quand je ne serai plus toujours là, sur vos pas,
Vous m'aimerez un peu... Je ne vous en veux pas!

Elle sort.

SCÈNE XI.

MAURICE, REYNAL.

REYNAL.

Je ne vous en veux pas !... Merci... L'idée est bonne !
Mais ils s'en vont tous deux, à tous deux je pardonne ;
Ils s'en vont !... Comment, diable, as-tu pu d'un seul coup...
Ils avaient cependant l'air de tenir beaucoup !
Quand un ami s'adresse à vous pour un service,
Vous ne marchandez pas, capitaine Maurice.
J'allais trop loin pourtant... Tout ce que tu m'as dit
M'est revenu, depuis ce matin, à l'esprit.
Ma femme est très-aimable, et si le comte l'aime,
Il n'en résulte pas qu'elle fasse de même.
Tout à l'heure, en rentrant, quand nous avons causé,
Je voulais tout lui dire... et je n'ai pas osé.
Mais maintenant, je vais être toujours près d'elle,
Et je suis sûr qu'alors... j'en suis sûr... pauvre Adèle !
Pour ne pas l'exposer à de nouveaux dangers,
Fermons porte et fenêtre à tous les étrangers.
Que personne... personne... ami ni belle-mère,
Ne puisse pénétrer dans notre sanctuaire !
Nous vivrons désormais tout seuls, Adèle et moi,

Comme deux tourtereaux, avec ma sœur... et toi.
Certainement... ici je t'installe, à la place
De ceux qui me portaient ombrage, et que je chasse!
C'est à toi que je dois mon bonheur; et je veux,
Pour en jouir deux fois, en jouir sous tes yeux.
Donc, je te garde... à moins que tu ne nous détestes,
Tu resteras chez nous... c'est convenu, tu restes!

MAURICE.

Je le voudrais; mais tout me force à m'éloigner;
La raison parle, ami, je dois me résigner.
Pour toi, dorénavant, je n'ai plus rien à faire;
Laisse-moi donc partir... il le faut.

REYNAL.

Au contraire!

MAURICE.

C'est mal; mais sous mes yeux je ne pourrais pas voir
Un bonheur dont j'avais... dont j'ai perdu l'espoir.

REYNAL.

Pourquoi donc?

MAURICE.

J'ai besoin que le temps, que l'absence
Rende à mon cœur troublé la force et l'innocence.

Je sens là quelquefois des mouvements mauvais
Dont je ne suis pas maître, et qui... si tu savais!

REYNAL.

Je sais, je sais, Monsieur, que vous n'êtes pas sage,
Et qu'un marin devrait avoir plus de courage;
On t'a trompé! Mon Dieu! ça se voit tous les jours...
Tu te consoleras avec d'autres amours.
Si de te marier la rage te possède,
C'est un mal; mais un mal dont on a le remède.
A force de chercher, on te déterrera
Quelque honnête personne... et l'on te guérira.

MAURICE.

Nous en reparlerons.

REYNAL.

Demain.

MAURICE.

Reynal... écoute:
Ton amitié me touche extrêmement, sans doute;
Je t'ai fait lire au fond de mon cœur tourmenté,
Mais je ne t'ai pas dit toute la vérité :
Celle qui m'oublia, que je croyais perdue...
Elle était à ce bal... ce soir je l'ai revue!

REYNAL.

Eh bien ?

MAURICE.

Eh bien ! je puis la revoir chaque jour ;
Je puis, en la voyant, m'oublier à mon tour.

REYNAL.

Eh bien?

MAURICE.

Dans son ménage, honnête et respectable,
Si j'entre vertueux... j'en puis sortir coupable.

REYNAL.

Eh bien ?

MAURICE.

Je veux partir !

REYNAL, à part.

Vient-il du Malabar ?

Haut.

La nuit porte conseil... bonne nuit, il est tard ;
Va dormir, cousin ; rêve à la charmante ingrate
Qui de t'avoir encor congédié se flatte ;
Et qui, sans un regret pour son honnête amant,
Près de quelque mari dort amoureusement...
Va !

MAURICE.

Reynal, si tu veux que de moi je réponde...

REYNAL.

Je n'y tiens pas du tout... Ta chambre est la seconde,
Là... dans le corridor... tu sais?...

MAURICE, à part.

      Tous ces maris !

REYNAL.

A demain... Le sommeil calmera tes esprits.
Si tu t'en vas, un autre aura moins de scrupules.
Au livre, déjà plein, des maris ridicules,
Ton rival veut s'inscrire, et ne le pourrait pas !
Fi, Monsieur ! Bonne nuit... Tu me la montreras !

Il sort.

SCÈNE XII.

MAURICE, seul.

Allons, décidément l'honnête homme a beau faire,
A la tentation il a beau se soustraire ;
Il a beau fuir le mal, de peur de succomber,
Ces malheureux maris l'y font toujours tomber !
Celui-là qui, tantôt, trop méfiant peut-être,

Dans tout ce qui l'entoure ici voyait un traître,
Quand d'un danger réel je lui parle ce soir,
Ne veut plus rien entendre et ne veut plus rien voir;
Il rit, et moi...

Apercevant Oscar et Fanchette qui entrent par la droite.

Que vois-je?

Il va se cacher au fond.

SCÈNE XIII.

MAURICE, OSCAR, FANCHETTE.

OSCAR.

Oui, parbleu! c'est ma lettre!

FANCHETTE.

A ma maîtresse encor je n'ai pu la remettre.

OSCAR, regardant la lettre.

Intacte!

MAURICE, à part.

Et j'hésitais!

OSCAR.

Mais, s'il en est ainsi,
Madame de Beaupré ne sait rien.

FANCHETTE.

Dieu merci!

ACTE II, SCÈNE XIII.

Madame de Beaupré ne sait rien, et pour cause...
La fine mouche, ayant soupçonné quelque chose,
Aux dépens de Monsieur a voulu s'amuser :
Elle a plaidé le faux, pour vous faire jaser,
Voilà tout !

OSCAR.

Comme un sot je me suis laissé battre !

FANCHETTE.

Mais ne vous rendez pas au moins sans vous débattre.
Croyez-moi, le succès est sûr, si vous voulez ;
Fanchette s'y connaît... n'écrivez plus... parlez !

OSCAR.

Et moi qui la cherchais pour l'accabler d'injures !
Créature charmante entre les créatures,
Pardon !

Lui donnant de l'argent.

Prends... prends encor...

FANCHETTE.

Monsieur n'est plus fâché ?

OSCAR.

Je crois bien !... Et cela par-dessus le marché.

Il l'embrasse.

FANCHETTE, à part.

Comme il y va!

MAURICE, au fond, à part.

Le lâche!

FANCHETTE, s'en allant.

Adieu, monsieur le comte!

OSCAR.

Nous recommencerons demain... C'est un à-compte.

Il fait nuit.

SCÈNE XIV.

MAURICE, OSCAR.

MAURICE.

Demain, dites-vous?

OSCAR.

Tiens!

MAURICE.

Ils dorment... pas de bruit!
Vous ne partez donc plus pour Londres cette nuit?

OSCAR.

Mais...

MAURICE.

Je sais tout.

OSCAR.

Encor !

MAURICE.

Tout !

OSCAR, à part.

C'est une gageure !

MAURICE.

Vous l'aimez !

OSCAR.

Mais, Monsieur...

MAURICE.

Vous l'aimez !

OSCAR.

Je vous jure...
D'ailleurs, au fait... à moins que vous-même...

MAURICE.

Plus bas !

OSCAR.

Vrai?

MAURICE.

Je vous répondrai demain... à quinze pas!
Vous êtes bon tireur, je le sais...

OSCAR.

C'est-à-dire...

MAURICE.

Tant mieux!

OSCAR.

Décidément, Monsieur, c'est assez rire!
Votre arrivée ici nous a tous rendus fous...
Qu'est-ce que vous voulez? nous battre? Battons-nous!
Je suis mauvais tireur, oui, Monsieur! mais n'importe!
A demain, à demain!

A part.

Que le diable t'emporte!

Il sort.

SCÈNE XV.

MAURICE, seul, puis HÉLÈNE.

MAURICE.

Pour faire le Caton, venez donc de bien loin!
Je partais... en pleurant; le ciel m'en est témoin.
Malgré les sots discours de ce mari crédule,

Plus aveugle que lui, plus que lui ridicule,
Je partais, je livrais la place à l'ennemi...
Non, vrai Dieu!... Gare à vous, monsieur de Saint-Remy !
Vous m'avez trompé tous... vous me rendrez tous compte
De mon bonheur perdu, de mes pleurs, de ma honte;
D'un amour qu'en mon cœur l'honneur seul étouffait,
Et dont je vais savoir ce que vous avez fait !
L'intérêt de Reynal n'est plus ce qui m'occupe,
Des meilleurs sentiments je suis las d'être dupe.
C'est lui qui l'a voulu... malgré moi, l'insensé !
A l'oubli du devoir c'est lui qui m'a poussé !
Avec tout vain scrupule il faut que j'en finisse...
Il faut qu'à l'instant...

<small>Il veut entrer chez Adèle ; Hélène sort de la chambre de sa sœur un bougeoir à la main.</small>

Ciel !

HÉLÈNE.

Bonsoir, monsieur Maurice !

FIN DU DEUXIÈME ACTE.

ACTE TROISIÈME

Même décor.

SCÈNE PREMIÈRE.

MAURICE.

Quelle nuit! quelle nuit!... sans cesse, à chaque instant,
Je croyais la revoir devant moi, cette enfant
Dont l'apparition, si terrible et si prompte,
Pour la première fois m'a fait rougir de honte.
Elle sait tout! En vain je voudrais en douter,
Elle avait des soupçons et devait écouter.
Elle sait tout!... Comment affronter sa présence?
C'est impossible... Il faut m'éloigner en silence.
Cette lettre, pourtant, qui toujours me poursuit,
Que moi-même j'ai vue hier soir, cette nuit...
Elle n'est pas encore entre les mains d'Adèle,
Et j'empêcherai bien... Fanchette, enfin, c'est elle!
Contenons-nous...

SCÈNE II.

MAURICE, FANCHETTE.

FANCHETTE, à part.

Écrire... un homme comme lui !
Autrefois, c'était bon... c'est stupide aujourd'hui ;
Mais puisqu'il a payé, je ne suis pas Fanchette,
Ou sa commission sera faite, et bien faite.

MAURICE.

Bonjour.

FANCHETTE.

Bonjour, Monsieur.

MAURICE.

Bonjour, ma belle enfant.
Où vas-tu donc?

FANCHETTE.

Pardon... ma maîtresse m'attend...

MAURICE.

Je le sais... pour avoir cette petite lettre,
Que nous cachons ici...

FANCHETTE.

Moi, Monsieur?

MAURICE.

Là, peut-être...

FANCHETTE.

Non, Monsieur.

MAURICE, trouvant la lettre.

Justement... la voilà.

FANCHETTE.

Permettez...

MAURICE, à part.

Je la tiens! je la tiens!

FANCHETTE.

Rendez-la-moi.

MAURICE.

Sortez!

FANCHETTE.

Pas du tout! J'ai promis, je dois...

MAURICE.

Vous devez faire
Ce que je vous ordonne, et bien vite... et vous taire!
Sortez!

ACTE III, SCÈNE II.

FANCHETTE, à part.

Ce pauvre comte ! Il est deux fois volé...
Je n'ai guère gagné son argent... Mais je l'ai.

Elle sort.

SCÈNE III.

MAURICE, seul.

De mon emportement je n'ai pas été maître,
Fou que je suis... Avant de tenir cette lettre,
Je conservais encore un doute puéril...

Lisant la suscription.

« Mademoiselle Hélène. » Hélène !... se peut-il !
Hélène !... Mais alors le comte... devant l'autre
Il oserait !... Le fat, qui fait le bon apôtre !
Qui cette nuit encor... Reynal avait raison :
Femme, ami, serviteurs, ici, dans sa maison,
Jusques à cette enfant si jeune, si novice,
Ils le trahissent tous !

SCÈNE IV.

MAURICE, HÉLÈNE.

HÉLÈNE.

Bonjour, monsieur Maurice.

MAURICE, à part.

C'est elle !

HÉLÈNE.

Eh bien ?

MAURICE.

Plaît-il ?

HÉLÈNE.

Vous m'accueillez ainsi...
C'est aimable !

MAURICE.

Pardon... Mais je songeais...

HÉLÈNE.

Merci.

MAURICE.

Je songeais, en voyant sur ce charmant visage,
Des plus douces vertus se refléter l'image,
Qu'un soupçon jusqu'à vous ne pouvait parvenir.

HÉLÈNE.

Un soupçon... Quel soupçon ?

MAURICE.

Hélène, on peut venir...
Cette lettre est pour vous... Adieu, prenez-la vite.

HÉLÈNE.

Pourquoi donc, mon cousin, me l'avez-vous écrite?

MAURICE.

Moi?... Mais elle n'est pas de moi.

HÉLÈNE.

      Vraiment? De qui?

MAURICE.

Vous me le demandez, Hélène... Elle est de lui!

HÉLÈNE.

De lui!

MAURICE.

  Du comte Oscar.

HÉLÈNE.

     Du comte... cette lettre!...

MAURICE.

Fanchette, en la gardant, pouvait vous compromettre;
Je m'en suis emparé, pour vous, pour votre honneur.

HÉLÈNE.

Je ne vous comprends pas; mais vous me faites peur.
Vous m'accusez trop vite, et j'en suis affligée;
Je ne mérite pas d'être si mal jugée.

MAURICE.

Mais...

HÉLÈNE.

Quant au comte Oscar, qui vous semble suspect;
Il m'a toujours traitée avec plus de respect.
Je ne sais aujourd'hui ce qu'il a pu m'écrire...
Voici sa lettre... ayez la bonté de la lire.

MAURICE.

Moi !

HÉLÈNE.

Vous êtes l'ami de mon frère... et le mien.
Je n'ai jamais rien fait de mal, croyez-le bien.

MAURICE.

Je vous crois, je vous crois! Vous avez un cœur d'ange!

SCÈNE V.

MAURICE, HÉLÈNE, OSCAR.

OSCAR, à Maurice.

Monsieur, je viens me mettre à vos ordres.

HÉLÈNE.

Qu'entends-je?
Vous battre... Vous voulez vous battre!...

ACTE III, SCÈNE V.

MAURICE.

Pas du tout!

OSCAR.

Si fait! Je suis lancé... nous irons jusqu'au bout!

MAURICE.

Mais, Monsieur, permettez...

OSCAR.

Je ne veux pas permettre!

A part.

Cela fait bien! Elle est troublée... elle a ma lettre!

HÉLÈNE, à Maurice.

Et c'est pour moi... Messieurs, vous ne vous battrez pas.
Mon frère d'un seul mot désarmera vos bras.
Quelque malentendu sans doute vous divise;
Expliquez-vous ici tous deux avec franchise.

A Oscar.

Vous, que jusqu'à présent j'ai toujours vu si bon,
Vous avez tort...

A Maurice.

Et vous, vous avez trop raison!
Remettez à Monsieur, sans y voir une injure,
Ce billet qui, je crois, est de son écriture...

A Oscar.

Je ne l'ai pas ouvert, et ne pouvais l'ouvrir.

MAURICE.

Soit...

<small>A Oscar.</small>

Tenez, séducteur...

HÉLÈNE, <small>à Maurice.</small>

C'est assez le punir.

OSCAR.

Séducteur!... séducteur!... Je suis très-pacifique,
Monsieur; mais, quand on veut me piquer... on me pique.
Tout à l'heure Reynal, sans me dire pourquoi,
M'a traité comme vous de séducteur... oui, moi!
Qui n'ai, sachez-le bien, que d'honnêtes pensées;
Et ces injures-là me sont mal adressées!
Quant à ces méchants vers, dont il me croit l'auteur,
Et qu'il a dans ma main glissés avec fureur,
Ils ne sont pas de moi; non, Monsieur, au contraire;
Je n'en ai jamais fait... Je ne sais pas en faire!...

MAURICE.

Reynal m'a dit pourtant...

OSCAR.

Pardon... vous m'outragez!
Voilà mon écriture et mon style... jugez!

<small>Il lui montre sa lettre à Hélène, et les vers.</small>

ACTE III, SCÈNE V.

MAURICE, voyant les vers.

Que vois-je?

HÉLÈNE, à Maurice.

Qu'avez-vous?

MAURICE.

Rien.

A part.

Je ne puis le croire...
Ces vers... ces anciens vers si loin de ma mémoire,
Ce sont eux!

OSCAR, à Hélène.

Vous m'avez traité cruellement!

HÉLÈNE, à Oscar.

M'auriez-vous conseillé, vous, d'agir autrement?

OSCAR.

Mais...

MAURICE, à part.

Et je l'accusais... Que faire? que résoudre?
La vérité sur moi tombe comme la foudre.

OSCAR, à Maurice.

Eh bien?

MAURICE.

Je suis à vous, monsieur de Saint-Remy.

HÉLÈNE, à Oscar.

Si je vous demandais un service d'ami?

OSCAR.

Parlez.

MAURICE, à part.

Je ne puis plus contre lui me défendre...
Quand c'est moi...

HÉLÈNE, à Oscar, montrant Maurice.

Revenez tout à l'heure le prendre.

OSCAR.

Quoi ! vous voulez...

HÉLÈNE.

De grâce, éloignez-vous un peu.

OSCAR.

Mais que pensera-t-il ?

HÉLÈNE.

Soyez tranquille... Adieu.

Oscar sort.

SCÈNE VI.

MAURICE, HÉLÈNE.

MAURICE.

Eh bien...

HÉLÈNE.

Il est parti.

MAURICE.

Pourquoi ?

HÉLÈNE.

Parce qu'il m'aime...
Sans rien me demander, sans rien espérer même.
Il reviendra bientôt... C'est un homme loyal...
Faible, mais bon. Au lieu de rassurer Reynal,
Comment permettez-vous que, sans raison, mon frère
Insulte son ami, chasse sa belle-mère !
Tous les deux, ce matin, vont s'éloigner d'ici...
Vous servez mal mon frère, en le servant ainsi ;
Croyez-moi, croyez-moi ! Nous avons là, nous autres,
Au fond du cœur des yeux qui voient mieux que les vôtres.
Je ne suis, pour Reynal, encore qu'une enfant ;
Mais il souffre, sa sœur le plaint... et le défend.

D'un ami, d'une mère, il maudit la présence...
Le danger qu'il redoute est ailleurs qu'il ne pense.
Cherchez et combattez, sans vous occuper d'eux,
Un ennemi plus fort, s'il n'était généreux !

MAURICE, à part.

Que dit-elle ?

HÉLÈNE.

Ma sœur, dans le fond de son âme,
D'un tendre souvenir a mal éteint la flamme ;
En vain elle travaille à briser ce lien
Avec la probité d'une femme de bien ;
De celui qu'on aima, par qui l'on fut choisie,
L'absence et le malheur doublent la poésie,
Et contre un tel rival redouté, mais chéri,
Comment pourrait lutter la prose d'un mari ?
Pour cela seulement Reynal a besoin d'aide ;
Vous connaissez le mal, trouvez-en le remède ;
Tâchez de découvrir cet inconnu charmant
Qu'on accuse à regret, qu'on proscrit en l'aimant.
Pour qu'à nos yeux humains son prestige s'altère,
Faites-le de son ciel tomber sur notre terre ;
Faites que, dépouillé de sa divinité,
Le rêve ne soit plus qu'une réalité.

Malheureux, on le pleure... absent, on le regrette...
En un simple mortel changez-moi ce poëte.
Otez-lui du malheur le prisme puéril ;
Qu'il ne reprenne plus la route de l'exil ;
Que, rendu parmi nous à la vie ordinaire,
Il soit tout bonnement heureux... comme un notaire.
Enfin si, par hasard, plus puissante que vous,
L'illusion encor résiste à tant de coups,
Pour faner du héros la dernière couronne,
Cherchez-lui quelque jeune et gentille personne
Qui, n'exigeant pas plus qu'on ne peut lui donner,
Voudra ne rien savoir... ou bien tout pardonner ;
Qui, bravement soumise à ses devoirs d'épouse,
D'un regret, au besoin, ne sera pas jalouse,
Et se fera peut-être un plaisir, un bonheur,
De servir au vaincu d'ange consolateur !
Voilà mon plan... comment le trouvez-vous?

MAURICE.

J'admire
L'innocente bonté qui ne sait pas maudire !
Au fond d'un noble cœur qui près de vous souffrait,
Vous avez découvert le plus triste secret ;
Mais, loin de vous armer d'une rigueur vulgaire,

Vous ne déclarez pas, vous détournez la guerre...
C'est bien! j'en suis touché plus encor que surpris,
Sauvons-la! comme vous, je le veux à tout prix ;
Enlevons au passé, déjà sans espérance,
Tout, jusqu'à ce bonheur d'en souffrir en silence...
Sacrifions sans peur, sans regret, sans pitié,
Celui qu'un peu d'amour d'avance a trop payé.
Désormais, au repos de la femme qu'il aime,
Il est prêt, j'en suis sûr, à s'immoler lui-même ;
Mais, par un souvenir quand tous deux sont blessés,
Ne le marions pas... Qu'il parte, c'est assez !

HÉLÈNE.

Supposons cependant qu'une autre un jour lui plaise...

MAURICE.

A lui !...

HÉLÈNE.

Vous en parlez, cousin, bien à votre aise...
Ne vous portez pas trop caution pour autrui ;
Je ne répondrais pas de vous, plus que de lui.
Voulez-vous que, brûlant d'une flamme éternelle,
Il soit de la constance un malheureux modèle !
A quoi bon ? Tous les jours on le voit à Paris,
Les amants consolés sont les meilleurs maris.

Pauvre garçon! bientôt, dans son intérêt même,
Dans l'intérêt surtout de la femme qu'il aime,
Il se consolera, s'il le faut... Et je crois
Qu'il le faut.

SCÈNE VII.

REYNAL, MAURICE, HÉLÈNE.

REYNAL, à part.

Bien! Tous deux causant à demi-voix...

MAURICE, à part.

Reynal!

REYNAL, à part.

Maurice ému... ma sœur intimidée...
Est-ce que le gaillard m'aurait pris mon idée?...
Voyons.

Haut.

Bonjour, cousin... Bonjour, petite sœur.

HÉLÈNE.

Bonjour.

REYNAL, bas à Hélène.

Un beau garçon!

Bas à Maurice.

Un ange de douceur...

Déjà seize ans... très-bonne à marier... J'y pense...
Cent mille écus de dot, comptant... sans espérance !
Haut.
Je suis le plus heureux des hommes ce matin :
J'ai fait des rêves d'or, de soie et de satin...
Je me disais qu'à l'âge où tous les deux vous êtes...
A part.
Il a compris... ça va comme sur des roulettes...
Haut.
Vous causiez gentiment lorsque je suis entré...
Bas à Hélène.
Qu'est-ce qu'il te disait ?...
Haut.

    Ce soir, je reviendrai.

HÉLÈNE.

Ce soir... Où vas-tu donc?

REYNAL.

    Et mes clients, ma chère !...
Veille à mon déjeuner.
Hélène sort.
A Maurice.

    Veille à ma belle-mère...
Elle part, et, ma foi, je ne veux pas la voir.

MAURICE.

Pardon ; mais je ne puis...

ACTE III, SCÈNE VII.

REYNAL.

Nous serons seuls ce soir.
Le comte est déjà loin... ses vers l'ont mis en fuite.

MAURICE.

Le comte !

REYNAL.

Je n'ai plus à craindre sa visite ;
Le reste maintenant ne dépend que de toi.
Adèle va venir; dis-lui du bien de moi :
Dis-lui... je n'ose plus le lui dire moi-même,
Que je l'aime beaucoup... C'est vrai, va, que je l'aime...

MAURICE, à part.

Quel supplice !

REYNAL.

Hier soir j'ai déjà commencé.
La voilà...

SCÈNE VIII.

REYNAL, MAURICE, ADÈLE, HÉLÈNE.

ADÈLE, à Reynal.

Vous partez, Monsieur ?

REYNAL.

J'y suis forcé ;

Mais vous gardez Maurice... A ce soir, chère amie...

HÉLÈNE, rentrant, à Reynal.

Ton déjeuner est prêt.

ADÈLE, bas à Reynal.

Restez, je vous en prie.

REYNAL.

Impossible.

A Hélène.

Viens-tu ?

ADÈLE.

Mais elle est bien ici.

REYNAL.

Nous avons à causer tous les deux.

HÉLÈNE.

Me voici.

REYNAL, à Adèle et à Maurice.

Restez... Je ne veux pas que personne vous gêne ;
Ma maison jusqu'ici d'importuns fut trop pleine :
M'en voilà délivré pour toujours... grâce à Dieu !

A Adèle.

Maurice vous dira...

A Maurice.

N'est-ce pas ?

A Adèle.

Sans adieu.

Bas à Maurice.

Sois éloquent, sois beau, sois sublime!

ADÈLE, à part.

Je tremble...

Haut à Reynal.

Je voudrais...

REYNAL.

Non... je tiens à vous laisser ensemble.

Il sort avec Hélène.

SCÈNE IX.

MAURICE, ADÈLE.

ADÈLE, à part.

Seule... seule avec lui! Mon Dieu je meurs d'effroi!...
C'est ma punition!

MAURICE, avec bonté.

Vous avez peur de moi.

ADÈLE.

Que dites-vous?

MAURICE.

Je dis, et c'est mon seul reproche,

Que, bien loin de trembler hier à mon approche,
La femme de Reynal, d'un cœur plus affermi,
Devait tendre la main à son meilleur ami.

ADÈLE.

Grand Dieu !

MAURICE.

Je dis encor que si quelqu'un, plus qu'elle,
Devait ne pas douter de moi... c'était Adèle !

ADÈLE, lui tendant la main.

Maurice...

MAURICE.

Je sais tout : vos combats, vos tourments,
Vos regrets... aussi doux pour moi que vos serments !
Résignons-nous sans plainte aux coups d'un sort contraire.
Votre mère a bien fait, puisqu'elle a cru bien faire.
Des larmes de vos yeux ne doivent plus couler :
A force de bonheur il faut me consoler.
Soyez heureuse, Adèle... Heureuse pour moi-même !
Reynal est honnête homme... il mérite qu'on l'aime.
Comme tous les maris, il est un peu jaloux ;
Mais j'ai lu dans son cœur, son cœur est plein de vous.

ADÈLE.

Il vous a dit...

MAURICE.

Hier, quand je pouvais l'entendre ;
Quand à la vérité j'étais loin de m'attendre ;
Quand je ne savais pas, qu'en écoutant Reynal,
J'étais le confident de mon heureux rival ;
Il me parlait de vous, qu'il aime, qu'il adore...
Tout à l'heure, en sortant, il m'en parlait encore,
Il me chargeait... moi... moi, qui l'ai promis hier,
Et qui tiens mon serment, quoiqu'il m'en coûte cher,
De dessiller vos yeux, de chasser le nuage
Qui troubla trop longtemps la paix de son ménage.
Un malentendu seul vous sépare, dit-il,
Et met de tous les deux le bonheur en péril...
Enfin, Reynal vous aime et de toute son âme...
Voilà ce que j'avais à vous dire, Madame.

ADÈLE.

Vous pleurez !

MAURICE.

Non... j'ai fait mon devoir...

ADÈLE.

Vous pleurez !

MAURICE.

Quand vous connaîtrez mieux Reynal, vous l'aimerez.

Peut-être a-t-il raison... peut-être quand personne
Ne le gênera plus...

ADÈLE.

Oui, je sais qu'il soupçonne,
Bien à tort, croyez-moi, ma mère et son ami.
Ma mère!...

MAURICE.

Tous les deux partent dès aujourd'hui.

ADÈLE.

Ils partent, dites-vous?... Cela ne peut pas être!

MAURICE.

De ses transports jaloux Reynal n'était plus maître.

ADÈLE.

Ainsi, sans que personne ait daigné m'avertir,
Ma mère est, de chez moi, condamnée à sortir!
Et votre noble cœur n'a pas compris, Maurice,
Que c'était un affront... bien plus... une injustice!
Je ne sais quels soupçons troublent monsieur Reynal...
Il a tort d'en avoir qui me fassent du mal...
La vérité pour nous est bien assez cruelle...
J'ai bien assez souffert, croyez-moi!...

MAURICE.

Vous, Adèle?

ACTE III, SCÈNE IX.

ADÈLE.

Quand mon dernier appui maintenant est chassé,
Qui me consolera du présent... du passé !

MAURICE.

Le passé, dites-vous? oh passé plein de charmes !
Ne nous consolons pas... laissons couler nos larmes !
Mon cœur, que j'étouffais pour mieux le contenir,
Bondit d'impatience à ce cher souvenir !
Je reprends tous les droits que j'avais sur le vôtre...
Je mentais, je mentais en parlant pour un autre ;
Croyez à mes serments... je les ai tenus tous !...
Croyez...

ADÈLE.

Non, désormais, je n'ai plus peur de vous !
L'amour perd son danger dès qu'il devient coupable...
Votre douleur, Maurice, était plus redoutable.
Restez auprès de nous si vous le désirez ;
Vous êtes notre ami, toujours vous le serez ;
Le cousin de Reynal n'est pas de ceux qu'on chasse ;
Le craindre, ce serait l'offenser.

MAURICE.

Grâce, grâce!

Si vous saviez!... En moi triomphent, tour à tour,
L'amour sur la raison... la raison sur l'amour.
De tous les sentiments également capable,
Je suis bon et mauvais... innocent et coupable;
Pour la dernière fois, je le jure à vos pieds,
Mes torts, je les confesse... ils seront expiés.
Savoir Adèle heureuse est tout ce qui me reste...
Je vous épargnerai ma présence funeste ;
Trop heureux, en mourant, le cœur tourné vers vous,
Si j'obtiens mon pardon, que j'implore à genoux !

OSCAR, en dehors, à gauche.

Oui, je le sais.

ADÈLE.

O ciel! c'est le comte! que faire...
Nos pleurs nous trahiraient... Adieu !

MADAME DE BEAUPRÉ, en dehors, à droite.

J'y vais.

ADÈLE.

Ma mère !

MAURICE.

Impossible !

ADÈLE.

C'est elle!... Elle dont le soupçon

Contre tous deux, hélas, aurait trop de raison.

Ils vont me trouver seule avec vous, éperdue !

Où me cacher?

MAURICE, montrant la chambre à coucher d'Adèle.

Ici.

ADÈLE.

Non... non... Je suis perdue !

MAURICE.

Calmez-vous !

ADÈLE.

Me calmer... Et vous êtes tremblant !

MAURICE, montrant la porte du fond.

Ah ! là.

Il s'y précipite et ouvre. On voit Hélène faisant semblant de dessiner.

MAURICE ET ADÈLE.

Grand Dieu !

SCÈNE X.

MAURICE, ADÈLE, MADAME DE BEAUPRÉ, HÉLÈNE, OSCAR.

MADAME DE BEAUPRÉ.

Que vois-je !

HÉLÈNE, montrant son dessin à Maurice.

Est-ce bien ressemblant?

OSCAR, bas à Maurice.

Pour la seconde fois, Monsieur, je viens...

MAURICE, bas.

Silence...
Tout à l'heure.

MADAME DE BEAUPRÉ, à Adèle.

Je pars pour une courte absence.
Adieu...

A Maurice.

Je vous croyais à Paris.

MAURICE.

J'y serai
Avant ce soir.

MADAME DE BEAUPRÉ.

De là j'irai jusqu'à Beaupré.

ADÈLE.

Vous, ma mère, et pourquoi?

MADAME DE BEAUPRÉ.

Je ne puis te répondre;
Reynal te le dira.

A Oscar.

Je vous croyais à Londre.

OSCAR, à part.

Elle y tient !

MAURICE, à Adèle.

Je n'ai pas été maître de moi ;
Mais la raison l'emporte, il faut subir sa loi.
Quand mon cœur s'égarait, elle s'est fait entendre,
Et je vous prouverai que j'ai su la comprendre.
Devant Reynal, qui vient, et devant vous je veux...

SCÈNE XI.

MAURICE, ADÈLE, MADAME DE BEAUPRÉ,
HÉLÈNE, OSCAR, REYNAL.

REYNAL.

Ah ! le bon déjeuner... Encore ici, tous deux !

A Oscar, gravement.

« Étoile de ma vie, idole de mon âme,
« Chère Adèle... »

ADÈLE, part.

Grand dieu !

MAURICE.

Reynal...

REYNAL, à Adèle.

Restez, Madame!

A Maurice.

Dis-leur à tous, dis-leur par quelle indignité
Un dangereux ami...

MADAME DE BEAUPRÉ.

Mais...

MAURICE.

C'est la vérité.

Oui, Reynal a raison, il n'est plus temps de feindre...
Un dangereux ami, qu'il faut punir... et plaindre;
Dans un ménage heureux, qui l'eût été du moins,
Qui va l'être bientôt, vous en serez témoins,
Apporta trop longtemps, malgré lui, je l'accorde,
Le trouble, le soupçon et presque la discorde.

REYNAL.

Cher ami...

MAURICE, à Reynal.

C'est à moi que tu t'es confié?

REYNAL.

Certainement...

MAURICE.

Tu crois à ma vieille amitié?

REYNAL.

Sans doute; c'est sur toi, sur toi seul que je compte.

MAURICE, allant à Oscar.

Pour Reynal et pour moi, pardon, monsieur le comte.

OSCAR.

Hein?

REYNAL.

Plaît-il?

MAURICE, à Reynal.

D'anciens vers qu'il fallait dédaigner,
Contre un ami fidèle ont paru témoigner.
A madame Reynal personne, je le jure,
N'aurait osé jamais en adresser l'injure.
Je comprends qu'autrefois quelqu'un ait espéré
Plaire à mademoiselle Adèle de Beaupré...

REYNAL.

Autrefois...

MAURICE.

Pour cela serait-il raisonnable
D'accuser tout le monde, excepté le coupable...
A l'exil éternel, franchement résolu,
Il allait s'éloigner...

A Reynal.

Tu ne l'as pas voulu.

Désormais de son cœur la blessure est guérie ;
Il fait mieux que partir... il reste... et se marie...

A Hélène.

Si vous pensez encor que ce soit un bonheur
De servir au vaincu d'ange consolateur.

HÉLÈNE.

Malheureux, on le pleure... absent, on le regrette...
En un simple mortel je change le poëte.

REYNAL.

Quoi ! comment... Mais alors...

MAURICE.

Abjure tout soupçon ;
Tu n'avais d'ennemis que toi dans ta maison.

MADAME DE BEAUPRÉ.

Croyez-le, croyez-nous, chacun ici vous aime.

OSCAR, à part.

Dans mes propres filets je me suis pris moi-même :
Fanchette avait raison.

REYNAL, à part.

S'il m'avait écouté,
Avec mes beaux conseils... je l'aurais mérité.

A Maurice.

Pauvre garçon ! tu prends le parti le plus sage :
On a de bons moments, au total, en ménage.

Montrant Hélène.

Tu la veux ?... la voilà.

Aux autres.

J'étais un peu jaloux ;
Mais je ne le suis plus. Pardon ! pardon... Et vous,
Ma belle-mère, vous, l'âme de la famille...

MADAME DE BEAUPRÉ.

Je reviendrai.

REYNAL.

Comment ! vous quittez votre fille !

MADAME DE BEAUPRÉ.

Oui, je vous reviendrai, mais plus tard, de grand cœur,
Quand vous serez enfin sûr de votre bonheur ;
Quand vous ne craindrez plus une influence amie,
Qui ne trahit jamais, quoique souvent trahie.
Quand je ne serai plus toujours là, sur vos pas,
Vous m'aimerez un peu ; je ne vous en veux pas.
Vous savez... tout se calme ici-bas ; c'est l'usage :
L'ardent amour conduit au grave mariage,
La folie au bon sens, la haine à l'amitié ;

Bon ou mauvais, le rêve est toujours oublié ;
Dans la réalité toujours on se repose ;
Tout se commence en vers, et tout s'achève en prose.
A propos, j'oubliais que je pars... il le faut ;
Mais, les absents ont tort... je reviendrai bientôt.

REYNAL.

Revenez, revenez... on n'est heureux qu'ensemble.

MADAME DE BEAUPRÉ.

Jusqu'à ce qu'un mari jaloux...

HÉLÈNE.

Qui te ressemble...

REYNAL.

Ait la sottise, un jour, de chasser, sans raison,
D'excellents ennemis... qui gardaient sa maison !

FIN DES ENNEMIS DE LA MAISON.

LA
CHASSE AUX FRIPONS

COMÉDIE EN TROIS ACTES

Représentée pour la première fois à Paris, sur le Théâtre-Français,
le 27 février 1846.

PERSONNAGES

M. SIMON, notaire.   MM. SAMSON.
JACQUES LECOMTE.   PROVOST.
LE COMTE DE ROSOY.   DUPUIS.
SAINT-LAURENT.   LEROUX.
PÉRINET.   GOT.
M. GIRARDOT.   JOANNIS.
MARCEL.   RICHÉ.
UN GARDE DU COMMERCE.   ROBERT.
UN ÉLECTEUR.   MATHIEN.
AGATHE GIRARDOT.   Mlles SOLIÉ.
ANNETTE.   BROHAN.

La scène se passe à Corbeil, chez M. Girardot.

LA CHASSE AUX FRIPONS

ACTE PREMIER

Salon élégant. — Porte au fond. — Deux portes demi-latérales sur le second plan, l'une à droite, conduisant à la chambre d'Agathe; l'autre à gauche, à la salle à manger et à l'intérieur de la maison. — Sur le premier plan, à gauche, une croisée avec draperies, et de l'autre côté, une porte ouvrant sur un cabinet. — Une table à droite.

SCÈNE PREMIÈRE.

SIMON, ANNETTE,

puis MARCEL, SAINT-LAURENT, PÉRINET.

Simon entre dans le cabinet, Annette en retire la clef.

ANNETTE, à Simon.

Oui... je vous préviendrai, dès qu'ils seront sortis.
Brave homme ! Si monsieur n'est pas content, tant pis !
J'avais là des remords... Faire le bien soulage ;
Surtout lorsque le bien rapporte davantage...
Décidément je crois, pour beaucoup de raisons,

Que les honnêtes gens valent bien les fripons.

<small>On a sonné. Marcel paraît au fond, tenant à la main une carte de visite qu'il remet à Annette.</small>

MARCEL.

Pour monsieur Saint-Laurent. Un monsieur le demande.

ANNETTE.

Il déjeune... Je vais l'avertir... Qu'on attende...

<small>Elle entre par la seconde porte à gauche qui donne sur la salle à manger. Marcel reste au fond.</small>

SAINT-LAURENT, aux convives.

Ne vous dérangez pas... Merci... Je n'ai plus faim. Je vais le recevoir...

<small>A Marcel.</small>

Faites entrer...

<small>A part.</small>

Enfin!

Midi moins vingt! J'étais dans une impatience...

<small>Périnet entre.</small>

SAINT-LAURENT.

Eh bien?

PÉRINET.

Eh bien, monsieur, j'ai votre argent.

SAINT-LAURENT.

Silence!

<small>A Marcel.</small>

Marcel, le thé...

A Annette.

Priez le comte de Rosoy
Et monsieur Girardot de déjeuner sans moi.
D'un important travail il faut que je m'occupe...

ANNETTE, à part.

Du travail important de faire quelque dupe...

Haut.

J'y vais, monsieur...

Elle sort.

SCÈNE II.

SAINT-LAURENT, PÉRINET.

SAINT-LAURENT.

Ainsi, cet argent...

PÉRINET.

Entre nous,
Monsieur, je viens de faire un trait digne de vous.
Vos trente mille francs, vous les pouvez attendre ;
Dans un petit quart d'heure ils vont venir vous prendre,
Ici même, à Corbeil, chez monsieur Girardot,
Oui, monsieur... et cela, je crois, n'est pas trop sot.

SAINT-LAURENT.

Mais explique-moi donc...

PÉRINET.

Certes, c'est une histoire
Que je veux raconter... pour mon honneur et gloire.
Mais ne craignez-vous pas...?

SAINT-LAURENT.

Quoi?

PÉRINET.

Si quelqu'un venait.
Si monsieur Girardot...

SAINT-LAURENT.

Girardot... Périnet...
Le pauvre homme! Il n'entend rien que par mon oreille,
Ne voit que par mes yeux... Va toujours.

PÉRINET.

A merveille!
— Mon brave Périnet, j'aurais besoin de toi,
M'avez-vous dit hier, pour... — Pour n'importe quoi,
Vous ai-je répondu. Car, de quoi qu'il s'agisse,
Vous savez que je suis tout à votre service.
— Cours donc... Un million à Corbeil nous attend.
Trouve-moi pour demain dix mille écus comptant.
— Sur ce, vous me donnez pleinement carte blanche,
Et je pars.

ACTE I, SCÈNE II.

SAINT-LAURENT.

Bien !

PÉRINET.

Non... Mal ! Hier, c'était dimanche...
Mauvais jour ! Ruiné ! Sans crédit, sans argent !...
A quel saint nous vouer en ce besoin urgent?
Que faire ? Où déterrer une somme aussi forte ?
J'ai beau courir partout, frapper à chaque porte,
Rien... Me voilà perdu de réputation !
Tout à coup il m'arrive une inspiration.
Je repars, et je vais... je vous le donne en mille.
Chez madame d'Elmar, vieille vertu facile,
Duchesse de clinquant, dont l'heureux coffre-fort
De deux ou trois banquiers engouffra le trésor.
Vingt fois, je m'en souviens, dans ses jours de tendresse,
Elle mit à vos pieds sa main et sa richesse.

SAINT-LAURENT.

Mais maladroit...

PÉRINET.

C'est vrai. J'aurais dû me douter
Que l'argent... non la main... avait pu vous tenter,
Et que, sans y trouver, pas plus que moi, de honte,

Votre amour, sur la dot, avait pris quelque à-compte.
J'aurais dû me douter qu'elle de son côté,
Pour se mettre à l'abri d'une infidélité,
En femme que le temps a rompue aux affaires,
Avait pris contre vous des mesures sévères.

SAINT-LAURENT.

Comment, elle t'a dit...

PÉRINET.

Tout.

SAINT-LAURENT.

Et malgré cela,
Cet argent...

PÉRINET.

Cet argent ne nous vient pas de là.
Mais il nous vient toujours, et c'est une autre histoire
Dont vous profiterez, si vous voulez m'en croire.
Bref, maladroitement, comme vous l'avez dit,
Lui croyant de l'amour, vous croyant du crédit,
D'un sourire engageant j'affuble mon visage,
Et je monte... A ma vue éclate un double orage,
Et ces mots, tout d'abord, viennent fondre sur moi :
Monstre de Saint-Laurent! perfide de Rosoy!

De Rosoy ! Saint-Laurent ! Qu'est-ce que ça veut dire ?
Monsieur, j'aurais donné vingt sous pour pouvoir rire !
Vous connaissez, de reste, et depuis très-longtemps,
De ses soixante hivers l'immuable printemps ;
Vous savez, mieux que moi, les charmes parasites
Dont l'art couvre à regret ses grâces émérites.
Tout cela, reposé, passe encore le soir ;
Mais au jour, en fureur, c'était horrible à voir !
Elle se démenait, criait comme trois diables.
Pauvre petite... Elle a des moments agréables !
Pourtant elle commence à ravoir ses esprits,
Et je comprends alors... que je n'ai rien compris.
Ce n'est plus vous, Monsieur, dont son âme est éprise ;
Le comte de Rosoy dans ses filets l'a prise ;
Il est noble, elle est riche, il lui plaît ; elle veut
Épouser sa noblesse en légitime nœud.
Par malheur, elle a su qu'un autre mariage
Se complotait sous roche, et lui faisait ombrage ;
Elle a su que le comte allait prendre d'assaut
La fille et les écus du père Girardot ;
Elle a su même, et c'est surtout ce qui l'irrite,
Qu'ici, ce soir, pour prix d'un très-mince mérite,
Du comte de Rosoy, par vous accrédité,

Cet arrondissement faisait un député...

Un comte, un député... Jugez quelles tempêtes

Tant de trésors perdus déchaînent sur nos têtes.

Aussi la pauvre femme, en sa sainte fureur,

Contre vous, contre moi, criait de tout son cœur.

SAINT-LAURENT.

Ah çà! mais...

PÉRINET.

Permettez... un peu de patience.

Pétrifié d'abord par ce flux d'éloquence,

Je ne répondais mot, et je cherchais tout bas

Quelque moyen de fuir un aussi mauvais pas...

J'en trouve un, je le prends... Quand on n'est pas le maître

De sortir par la porte, on sort par la fenêtre !

Quel plaidoyer, Monsieur !... Pour en être témoin,

Que n'étiez-vous caché dans quelque petit coin.

La vertu n'eut jamais colère plus sublime !

D'une indigne amitié je me peins la victime...

Pour être à la hauteur de son emportement,

Il faut tomber sur vous impitoyablement,

J'y tombe... De tous deux je lui dis pis que pendre...

Vous m'avez fait du mal et je veux vous en rendre...

Que je trouve un moyen pour vous perdre... et c'est fait !
C'est là que j'attendais sa vengeance... En effet,
Sans me laisser le temps d'achever ma tirade,
Tant elle a, de bon cœur, donné dans l'embuscade,
Pâle et rouge à la fois de colère et d'espoir,
D'un petit secrétaire elle ouvre le tiroir,
Et me dit... d'un regard que la fureur enflamme :
Vous êtes honnête homme ?—Hélas ! que trop, Madame !
— Il suffit... Allez donc... vengez-vous, vengez-moi !
— Deux bons billets signés, le premier, de Rosoy ;
Le second, Saint-Laurent. — Poursuivez l'un et l'autre,
Me dit-elle ; ma cause est aujourd'hui la vôtre ;
Rien n'y manque... Soyez sans pitié, je le veux !
Qu'ils couchent en prison cette nuit tous les deux !...
— A ces mots, sans laisser de reçu, je m'échappe...
C'est vous que je poursuis, c'est elle que j'attrape...
Nouveau moyen, Monsieur, de payer ce qu'on doit !

SAINT-LAURENT.

Hein !

PÉRINET.

Vous aviez raison... je suis un maladroit !

SAINT-LAURENT.

Mais alors... ces billets...

PÉRINET.

Nous les paierons... j'espère...
Plus tard... quand nous n'aurons pas autre chose à faire.
En attendant, Monsieur, ils sont là sur mon cœur...

SAINT-LAURENT.

Ce bon Périnet...

Marcel paraît. A part.

Diable!

Haut.

Adieu donc, serviteur.

SCÈNE III.

SAINT-LAURENT, PÉRINET,
MARCEL, portant le thé.

SAINT-LAURENT, à Marcel.

Si quelque électeur vient, faites entrer bien vite.
Du reste, on est sorti pour toute autre visite...

A Périnet.

A propos, Périnet...

A Marcel.

Marcel, encore un mot...
Que fait mademoiselle Agathe Girardot?

MARCEL, *montrant la chambre à droite, au fond.*

Elle est là...

SAINT-LAURENT.

Dans sa chambre?

MARCEL.

Oui, Monsieur... Elle pleure,
Et n'a rien pris depuis hier.

SAINT-LAURENT.

A la bonne heure...

A part.

Il faudra bien pourtant...

A Marcel.

Une tasse de thé...

Haut.

Je veux, ma belle enfant, boire à votre santé!

SCÈNE IV.

SAINT-LAURENT, PÉRINET.

PÉRINET.

Qu'est-ce donc?

SAINT-LAURENT.

Peste soit de ces petites filles!

On n'en peut rien tirer, quand elles sont gentilles...
La fille d'un marchand, d'un ancien boutiquier,
Qui pleure, et ne veut pas se laisser marier...
On fait d'un paysan un comte, exprès pour elle ;
On couvre d'un blason sa crasse paternelle ;
On met à ses genoux tout ce que peut vouloir
Une femme de rien, enrichie au comptoir...
Et, quand il faut signer, quand notre comédie
Touche à son dénoûment, et croit être applaudie,
Nous préférant le fils de son parrain Simon,
La petite niaise, au lieu de oui, dit non !
Par bonheur Girardot, notre excellent Géronte,
Mord de toute sa force à l'hameçon du comte ;
Il y tient, il en veut, et, pour ce gendre-là,
Avec tous les Simon il s'est brouillé déjà...
L'ennemi, grâce à moi, sans appui dans la place,
Ne peut pas se douter du coup qui le menace ;
Le fils est à Paris, le père à Sens...

PÉRINET, à part.

Tant mieux !

SAINT-LAURENT.

Moi, je suis à Corbeil... les jouant tous les deux !

La guerre commencée aujourd'hui se termine...
Et c'est toi, Périnet, qui fais sauter la mine !
Le cher comte est censé riche d'un million,
Dont Girardot voudrait voir un échantillon ;
Il faut, pour l'achever, qu'un peu d'or l'éblouisse ;
Tes trente mille francs nous rendront ce service...
Ma bourse était à sec, et, pris au dépourvu,
Je ne pouvais parer à ce coup imprévu...
L'élection d'ailleurs, qui maintenant est sûre,
Faisait, hier encor, la plus triste figure...
Pour se tirer de là, le pauvre de Rosoy
Avait, sans me vanter, très-grand besoin de moi.
Pendant qu'en mon honneur tu faisais des merveilles,
Je cornais son mérite à toutes les oreilles ;
On y croyait un peu, mais pas assez, si bien
Qu'un autre candidat eût enfoncé le mien.
Subitement saisis d'un vertueux scrupule,
Nos braves électeurs poussaient le ridicule
Jusqu'à nous préférer, mais sérieusement,
Quelque indigène obscur de l'arrondissement,
Le premier sot venu, dont l'honnête conduite
Eût été le plus grand, sinon le seul mérite,
Galant homme du reste, et d'honneur éprouvé...

Heureusement pour nous, on n'en a pas trouvé!
Ainsi, faute d'avoir quelqu'un qu'on nous préfère,
C'est sur nous qu'on retombe, et nous nous laissons faire;
L'homme d'esprit ne doit s'effaroucher de rien;
Hier tout allait mal, aujourd'hui tout va bien...
Aujourd'hui, Périnet, mon ami, mon élève,
Par un succès nouveau, ton triomphe s'achève.
Parle... voyons... comment as-tu fait pour trouver
Cet introuvable argent, qui va tous nous sauver.
Sais-tu bien qu'en deux jours voilà deux coups de maître;
Deux coups dont je suis fier, autant que tu peux l'être.
Périnet, je t'admire, et tu peux t'en vanter...
Si tu n'existais pas, je voudrais t'inventer!

PÉRINET.

A l'admiration, Monsieur, je me résigne;
Car, modestie à part, je crois en être digne.
Figurez-vous qu'hier...

<small>Annette entre.</small>

SAINT-LAURENT.

Encore! Qu'est-ce donc...
Nous sommes occupés, qu'on nous laisse...

SCÈNE V.

SAINT-LAURENT, PÉRINET, ANNETTE.

ANNETTE.

Pardon...
C'est monsieur Girardot...

SAINT-LAURENT.

Girardot est à table ;
Qu'il y reste.

ANNETTE.

Oui, Monsieur, mais il voudrait...

SAINT-LAURENT.

Que diable !
On ne peut donc avoir une minute à soi...
Qu'il tienne compagnie au comte de Rosoy ;
Qu'ils parlent politique à leur aise... le gendre
Avec son cher beau-père est digne de s'entendre...
Enfin, qu'est-ce qu'il veut ?

ANNETTE.

Il veut vous avertir
Que voici le moment où vous deviez sortir.

SAINT-LAURENT.

Au fait...

A Périnet.

Oui... Pour aller, de boutique en boutique,
Promener dans Corbeil son candidat unique !
Ce pauvre Girardot a la tête à l'envers...
Vingt courses ce matin, ce soir trente couverts!

PÉRINET.

Ici ?

SAINT-LAURENT.

Certainement... nous dînons tous... Tu dînes !
L'élection a mis le feu dans les cuisines!
Annette, écoute... Rentre, et dis-leur que sans moi
Ils feraient bien... Au fait, dis-leur n'importe quoi.
Ces honnêtes gens-là sont de force à tout croire.

Elle sort.

SCÈNE VI.

SAINT-LAURENT, PÉRINET.

SAINT-LAURENT.

Maintenant va...

PÉRINET.

Pour bien vous conter mon histoire,
Elle est un peu trop longue et le temps est trop court.

J'en passe... Vous aurez le reste un autre jour.

SAINT-LAURENT.

Soit.

PÉRINET.

Malgré le beau trait que je viens de vous dire,
Nos affaires, Monsieur, allaient de mal en pire ;
Après avoir couru ce matin comme hier...
Et n'avoir rien trouvé... sur le chemin de fer
Je m'embarque, obligé de venir vous apprendre
Un désastre qu'hélas vous étiez loin d'attendre...
Je pars donc, sans daigner saluer seulement
Un pauvre diable d'homme, espèce de Normand,
Qui, seul dans le wagon, où j'écumais de rage,
Avait l'air enchanté de ce maudit voyage ;
Sa grosse bonne mine et son sot embonpoint
M'inspiraient des mépris, que je ne cachais point ;
Tout à coup..., c'est ici que l'histoire commence
À devenir pour nous d'un intérêt immense...
Tout à coup, ai-je dit, mon brave compagnon,
Qui n'était pas normand, Monsieur, mais bourguignon,
Heureusement ! s'amuse à tirer de sa poche
Une façon de bourse, ou plutôt de sacoche
Qu'il ouvre... et dans laquelle, à mes yeux stupéfaits,

Apparaissent un tas de billets et d'effets
Que d'avance, en artiste, avec mon regard d'aigle,
J'ai reconnus pour être on ne peut mieux en règle ;
Dès lors, vous comprenez par quel revirement
Mon lourdaud se transforme en un être charmant ;
Sa gaîté m'irritait... Maintenant, sans rancune,
Je veux la partager... ainsi que sa fortune !
Je m'approche... Demain vous saurez en détail
De mes séductions l'ingénieux travail ;
Nous sommes convenus d'abréger... et j'abrége.
A peine ai-je parlé que, donnant dans le piége,
Notre homme, tant mon air d'innocence lui plaît,
Se met à me conter sa vie au grand complet...
Inutile, Monsieur, de stimuler son zèle ;
A chaque pas nouveau, confidence nouvelle ;
Sans le lui demander, presque sans le vouloir,
J'en sais bien vite autant que l'on en peut savoir ;
Cinquante-huit ans, fermier, père d'un fils unique,
Voilà de mon ami le portrait au physique ;
Quarante mille francs à placer, bien ou mal,
Voilà de mon ami le portrait au moral !
Quarante mille francs ! c'est tout ce qu'il possède,
Et si vous les voulez, gratis... il vous les cède !

Pour les prêter à quatre et demi d'intérêts,
Il accourait de Sens à Corbeil tout exprès...
L'affaire était conclue, et déjà presque faite ;
Quand hier, grâce au ciel, il lui revient en tête
Qu'un sien neveu, parti sans un sou du pays,
Avait, depuis dix ans, fait fortune à Paris.
Chez monsieur son neveu bien vite il se transporte ;
Et monsieur son neveu lui fait fermer sa porte !
C'était tout naturel ; mais, naturel ou non,
L'accueil parisien déplut au Bourguignon...
Le voilà donc qui cherche, et trouve toute prête,
Une vengeance assez nouvelle et pas trop bête...
Mon neveu m'a chassé, se dit-il ; avant peu
Je me régalerai de chasser mon neveu !
Puisque ce faquin-là, qui n'est qu'un imbécile,
A fait fortune... il faut que ce soit très-facile...
S'il pleut des millions, je ne vois pas pourquoi
L'averse tomberait sur lui plus que sur moi !...
Conclusion ; je veux être millionnaire !
Pour moi d'abord, et puis pour mon fils, en bon père ;
Aux armes donc ! Je cours à Corbeil de ce pas ;
J'ai promis de signer, je ne signerai pas ;
Je garde mes écus pour un meilleur usage ;

Ils m'ont coûté trop cher à gagner au village !
Quatre et demi pour cent! c'est le moyen légal
De mourir, comme un sot, de faim à l'hôpital ;
Pour tripler, décupler, centupler sa fortune,
Il ne faut que sortir de la route commune,
J'en sors! Je veux jouer bravement le grand jeu...
Quarante mille francs, à pair ou non morbleu !
Quarante mille francs sur la hausse ou la baisse !
Quarante mille francs sur l'Espagne ou la Grèce !
Quarante mille francs sur tout ce qu'on voudra...
Celui qui les prendra le premier, les aura !
— De peur de l'interrompre au plus beau de l'histoire,
J'étais muet, Monsieur, comme vous pouvez croire ;
Cependant je sentais qu'intérieurement
La main me démangeait, et furieusement !
Jusqu'à son dernier mot, je l'écoute en silence,
Et, quand il a fini de parler... je commence !
Je suis exactement dans sa position,
Cherchant de tous côtés un petit million ;
Du reste, ou je me trompe, ou je suis près de faire
Ce matin à Corbeil une excellente affaire...
Un grand spéculateur, très en vogue aujourd'hui,
Monsieur de Saint-Laurent daigne être mon appui,

Monsieur de Saint-Laurent, spéculateur immense,
Prince de l'industrie et roi de la finance,
Inventeur immortel de la société
Contre l'extinction de la mendicité !...
Grâce à lui ma fortune est désormais certaine,
S'il veut bien accepter quelque argent qui me gêne.
Je fais sonner alors avec intention
Tous les grands mots du jour : primes, Strasbourg, Lyon !
Actions ! actions de toutes les espèces !
Promesses d'actions !... promesses de promesses !
Plus rouge, en m'écoutant, que madame d'Elmar,
Mon malheureux voisin me mangeait du regard ;
Mes paroles avaient incendié sa tête ;
Aussi, quand à Corbeil notre convoi s'arrête,
Forcé de prendre enfin un parti décisif,
Il fait à ma pitié l'appel le plus plaintif ;
Il veut vous voir, il veut vous parler... c'est sa vie,
Son honneur,... son argent surtout qu'il vous confie.
Je refusais... Je cède en le voyant pleurer.
Si l'on mourait de joie, il faudrait l'enterrer !
Pauvre homme ! En attendant que je vous le présente,
Pour étrenner gaîment notre amitié naissante,
Nous courons faire ensemble à quatre pas d'ici

Un très-bon déjeuner... qu'il paie... et me voici !

SAINT-LAURENT.

Bravo, bravissimo, Périnet... à ta place
Je n'aurais pas mieux fait... Viens donc que je t'embrasse.
Ah çà, dépêchons-nous maintenant d'en finir.
L'ennemi n'est pas loin, qu'il vienne !...

PÉRINET.

Il va venir.
Je cours vous le chercher, mort ou vif... Il me tarde
De vous le présenter.

SAINT-LAURENT.

Le reste me regarde.

PÉRINET.

Vous avez bien compris ?

SAINT-LAURENT.

Très-bien... le Girardot
Nous gênerait... Je vais l'évincer comme il faut ;
Je devais l'escorter, mais ce n'est plus mon compte,
Je reste... Il sortira seul avec le cher comte.
Une fois eux dehors, ce sera bientôt fait,
A nous deux le Normand !

PÉRINET.

Bourguignon, s'il vous plaît.

SAINT-LAURENT.

Soit... Il faudrait d'abord... non... l'idée est meilleure;
Je file sur Paris par le convoi d'une heure;
J'arrive à deux, je cours jusque chez moi... J'y prends
De vieilles actions pour trente mille francs.

PÉRINET.

Quarante.

SAINT-LAURENT.

Si tu veux...

PÉRINET.

Je n'en puis rien rabattre.

SAINT-LAURENT.

A trois heures, je pars, et je reviens à quatre
Alors le feu commence, et nous nous en donnons;
L'argent du Bourguignon est prêt... nous le prenons!
Le comité secret à cinq heures s'assemble :
Nous allons, pour le comte, y pérorer ensemble;
Avec les gros bonnets de l'arrondissement
Nous revenons dîner, et copieusement!
A sept heures, enfin, séance générale!
D'amis indépendants nous remplissons la salle,
Et, pour son seul mérite, en triomphe porté,
Notre candidat passe à l'unanimité!

Ce soir l'élection, demain le mariage !
Demain, nous rentrons tous dans nos frais de voyage ;
Demain, aux millions du père Girardot,
Nous avons le plaisir de dire un petit mot ;
Demain, exécutant ma dernière manœuvre,
Je mets le point final à mon plus beau chef-d'œuvre ;
Demain, si tu le veux, cher ami, pour ta part,
Je te donne la main de madame d'Elmar !

PÉRINET.

Non, merci ; diable !

SAINT-LAURENT.

Eh bien ! mons Périnet, j'espère
Que nous avons mené gaillardement l'affaire...
Si cela continue, avant peu l'on pourra
Se faire vertueux plus que l'on ne voudra !
Vertueux !... Bast, les sots découragent de l'être :
Rivés à l'humble place où le sort les fit naître,
Et forcés de croupir dans le sentier battu,
Ils ont, par impuissance, inventé la vertu !
Mais nous, qui n'avons pas de ces âmes d'esclaves,
Des préjugés mesquins nous brisons les entraves ;
Nous courons au succès, seul but de tant de soins,
En toute liberté... de conscience au moins !

Courage donc, morbleu, courage... la fortune
Nous livre, d'un seul coup, deux victimes pour une ;
Encore un peu d'audace, un peu d'adresse encor,
Et nous tenons chacun notre poule aux œufs d'or !

PÉRINET.

La vôtre nous attend, Monsieur...

SAINT-LAURENT.

J'attends la tienne.

PÉRINET.

Dix minutes au plus pour que j'aille et revienne,
Et je suis à vous.

SAINT-LAURENT.

Bon ! je vais de mon côté
Mettre, avec Girardot, le comte en sûreté...
Il s'agit maintenant de bien jouer nos rôles...

PÉRINET.

Je sais le mien.

SAINT-LAURENT.

Le mien... j'en réponds !

Ils sortent : Périnet par la porte du milieu, au fond; Saint-Laurent à gauche.

SCÈNE VII.

SIMON, sortant du cabinet à droite.

Ah! mes drôles!
Bravo... J'entendais mal, mais j'ai très-bien compris.
Voilà de fiers coquins! Je ne suis plus surpris
Si monsieur Girardot, pour cette noble engeance,
De sa noble maison chasse un ami d'enfance!
Je rirais de bon cœur à ses dépens, morbleu,
Si nos pauvres enfants y jouaient moins gros jeu;
Mais, quoiqu'au sérieux on ne puisse le prendre,
Contre lui, cependant, il faut bien se défendre.
Tout le mal qu'un méchant fait par méchanceté,
Un vieux fou vaniteux le fait par vanité.
C'est la mode! on estime aujourd'hui ce qui brille...
Rien de plus... Un manant veut des ducs pour sa fille,
Et l'honnête homme obscur ne vaut pas le fripon
Qui porte un *de* d'emprunt planté devant son nom!...
Sachez bien que mon fils, monsieur le gentilhomme,
Vaut cent fois mieux que vous, au moins, quoiqu'il se nomme
Non pas monsieur de ci, ni monsieur de ça... non.
Mais monsieur Jean Simon, comme moi... c'est mon nom!
Mon père se nommait Jean Simon tout de même,

Et si vous n'aimez pas ce nom-là... moi je l'aime !
Et votre fille un jour, que ça vous plaise ou non,
Mon cher, s'appellera madame Jean Simon !
C'est moi qui vous le dis... et j'en serai bien aise...
Et l'affaire pour vous ne sera pas mauvaise...
Non !... Mais, en attendant, messieurs les bons sujets,
Puisque j'ai, grâce à vous, dépisté vos projets,
Puisque vous m'avez mis à temps sur votre trace,
Jean Simon est de force à vous donner la chasse.
Gare donc... ou, morbleu, je jure qu'à tout prix...
Hein... j'ai juré trop tôt... on vient... me voilà pris.
Fuir devant le gibier est lâche et ridicule ;
Mais c'est pour mieux sauter que le chasseur recule.

Il va pour rentrer dans le cabinet à droite.

Plus de clef... et la porte... où me fourrer... ah... là !

Il se cache derrière les rideaux de la croisée à gauche.

SCÈNE VIII.

SIMON, caché ; ANNETTE, puis AGATHE,
et SAINT-LAURENT.

ANNETTE, *sortant de la seconde porte à gauche, va frapper à la porte d'Agathe, puis à celle du cabinet dans lequel Simon était caché.*

Mademoiselle... il doit s'ennuyer... Me voilà,
Patience, Monsieur.

AGATHE.

Eh bien, qu'a dit mon père?
Le verra-je? crois-tu qu'il consente?

ANNETTE.

Au contraire :
Nos affaires par là vont mal; mais grâce au ciel...

SAINT-LAURENT, dans l'intérieur.

Allons donc, allons donc... c'est très-essentiel!
Je vous suis, partez vite...

Il entre.

Annette, un mot... Ah! diable.

A Agathe.

Eh bien, ma belle enfant, sommes-nous raisonnable?

AGATHE.

Monsieur, je veux parler à mon père aujourd'hui...
Ne me repoussez pas, j'implore votre appui;
Je sais combien sur lui votre influence est grande.

SAINT-LAURENT.

Que me demandez-vous... Je crains...

AGATHE.

Je vous demande
D'empêcher que, demain, mon père, malgré moi,
Me force d'épouser le comte de Rosoy.

Le comte est votre ami... faites-lui donc connaître
Toute la vérité... que vous savez peut-être...
Mon père n'aime en lui que son nom, que son rang,
Et moi, son rang, son nom, tout m'est indifférent.
En un mot...

SAINT-LAURENT.

En un mot, vous en aimez un autre.
Le comte est mon ami, mais moi, je suis le vôtre ;
Je connais mieux que vous ce pauvre petit cœur,
Et tout ce que je fais est pour votre bonheur.
On causera ce soir de cette grave affaire ;
On raccommodera la fille avec le père...
A dix-sept ans, on a toujours quelque chagrin...

AGATHE.

Monsieur...

SAINT-LAURENT.

On croit aimer le fils de son parrain ;
Et s'il vient un mari noble, riche, honorable,
On vous lui fait d'abord une moue effroyable ;
On pleure, on se désole... on écrit tous les jours
Au parrain... le parrain ne répond pas toujours.

SIMON, caché.

Ah ! gueux !

AGATHE.

Qui vous a dit...

SAINT-LAURENT.

Un matin on se lasse ;
On épouse... et l'on est très-heureuse.

AGATHE.

Ah ! de grâce,
Puisque vous savez tout, ayez pitié de moi...
Obtenez que mon père attende encor.

SAINT-LAURENT.

Pourquoi ?
Le vieux papa Simon n'entend pas raillerie.

SIMON, caché.

Non.

SAINT-LAURENT.

Il ne viendra pas.

AGATHE.

Monsieur... Je vous en prie...
Il viendra, j'en suis sûre... Il viendra.

Simon paraît un moment, Agathe l'aperçoit.

Ciel !

SAINT-LAURENT.

Quoi donc ?...

ANNETTE.

Plaît-il?

SAINT-LAURENT.

Qu'avez-vous?

AGATHE.

Rien... je me trompais... pardon.
Mais dans mon trouble... là... j'avais cru voir... mon père.

SAINT-LAURENT.

Enfant! rassurez-vous, espérez.

AGATHE.

Oui... j'espère!

SAINT-LAURENT.

Votre père vous aime... et vous pouvez ici
Compter sur un ami.

ANNETTE, à part.

Menteur!

AGATHE.

J'y compte aussi.

SAINT-LAURENT.

Quant à tous les Simon dont l'oubli vous outrage,
S'ils ne sont pas venus demain soir... du courage!
Il faut à ces ingrats renoncer pour jamais...

Vous me le promettez...

AGATHE.

Oui... je vous le promets!

Elle rentre.

SCÈNE IX.

SIMON, caché, SAINT-LAURENT, ANNETTE.

SAINT-LAURENT.

Enfin! j'en étais sûr... Girardot et le comte
Vont sortir... je descends avec eux et remonte.
Si, pendant mon absence, un paysan venait,
Seul, ou bien amené par monsieur Périnet...

ANNETTE.

Périnet?

SIMON, caché.

Périnet!

SAINT-LAURENT.

Ce monsieur qui me quitte.

ANNETTE.

Ah! très-bien.

SIMON, caché.

Périnet...

ACTE I, SCÈNE IX.

SAINT-LAURENT.

Je reviens tout de suite.
Qu'il attende un moment... j'ai besoin de le voir ;
Avec beaucoup d'égards il faut le recevoir.
Tu comprends...

ANNETTE.

Certe.

SCÈNE X.

LES MÊMES, LE COMTE DE ROSOY,
puis GIRARDOT.

LE COMTE DE ROSOY.

Eh bien ?

SAINT-LAURENT.

Voilà...

A Annette.

Motus !

ANNETTE.

Sans doute.

LE COMTE DE ROSOY.

Girardot n'y tient plus, et veut se mettre en route ;
Il est furieux.

SAINT-LAURENT.

Bah !

GIRARDOT.

Ah çà, partirons-nous ?

SAINT-LAURENT.

Venez donc, paresseux, on n'attend plus que vous.

GIRARDOT.

Comment ! que moi...

SAINT-LAURENT.

Partons !

Au comte.

Votre banquier, cher comte,
Vous envoie aujourd'hui dix mille écus d'à-compte.

GIRARDOT.

Hein !

LE COMTE DE ROSOY.

Mon banquier...

SAINT-LAURENT.

Je cours les toucher. C'est urgent !

Au comte et à Girardot.

Allons, Messieurs...

GIRARDOT, prenant le bras du comte.

Allons, mon cher gendre...

SAINT-LAURENT, à part.

Oh l'argent !

Girardot et le comte sortent par le fond.

A Annette.

Notre homme va venir... Attention, Annette ;
Je ne le plaindrai pas, si tu fais sa conquête.
Décidément, tu n'es pas mal... un autre jour,
Quand j'aurai plus de temps, je te ferai la cour...
Adieu.

Il sort.

ANNETTE.

Mauvais sujet ! c'est là tout ce qu'il donne.
Ma foi, l'autre vaut mieux...

Elle va à la porte du cabinet pour délivrer Simon.

Monsieur, Monsieur... personne !

SIMON, paraissant.

Gueux ! infâme ! brigand !

ANNETTE.

Dieu !

SIMON.

Scélérat ! voleur !

SCÈNE XI.

SIMON, AGATHE, ANNETTE.

AGATHE.

Mon père...

SIMON.

Chère enfant!

ANNETTE.

Ah! Monsieur, quelle peur!

SIMON.

Oui, ton père... j'arrive à temps... que je te voie.
Ne pleure pas... je pleure aussi... mais c'est de joie!
Tu m'attendais... C'est bien. J'ignorais tout pourtant;
Mon pauvre fils aussi... lui... nous qui t'aimons tant!
Il ne sait pas encore... il serait trop à plaindre...
Tes lettres... à présent tu n'as plus rien à craindre...
On les gardait.

AGATHE.

Comment!

SIMON.

Je n'en recevais pas.

AGATHE, regardant Annette.

Se peut-il?

ACTE I, SCÈNE XI.

SIMON.

Oui... plus tard tu lui pardonneras.
Elle a tout réparé. J'ai reçu la dernière,
Et je suis accouru... ma pauvre enfant!

AGATHE.

Mon père !

Ils s'embrassent.

SIMON.

Ah çà, sommes-nous fous de pleurer bêtement?
Nous nous en donnerons dans un meilleur moment.
Nous avons pour l'instant bien autre chose à faire.
Ayez toutes les deux la bonté de vous taire.
Vous ne m'avez pas vu... rentrez...

Il l'embrasse.

Encore... adieu.
Et maintenant, le reste, à la garde de Dieu !

Agathe rentre dans sa chambre avec Annette.

SCÈNE XII.

SIMON, LECOMTE.

LECOMTE, au fond.

Personne ! j'aurais dû rester... Ce bon jeune homme
Va me chercher partout, j'en suis sûr...

SIMON.

Il se nomme
Périnet... Périnet! c'est singulier... ce nom...

LECOMTE, entrant.

Eh! mais, voilà peut-être...

SIMON.

O ciel!

LECOMTE.

Monsieur Simon!

SIMON.

Ce cher Lecomte!

LECOMTE.

Ah bah!

SIMON, à part.

Que le diable t'emporte!
Oui, moi-même, pardon... mais il faut que je sorte.
Je vous expliquerai... demain... c'est un secret.
J'ai quitté Sens hier pour un grave intérêt.
Adieu... Ne parlez pas de moi.

LECOMTE.

C'est très-facile.

ACTE I, SCÈNE XII.

SIMON.

Du reste, si je puis, mon cher, vous être utile,
Venez... Mon successeur demeure près d'ici,
Nous causerons chez lui, quand vous voudrez.

LECOMTE.

Merci.
Chez votre successeur je ne vais plus...

SIMON.

Qu'entends-je !

LECOMTE.

De ses quatre et demi, croit-il donc qu'on s'arrange ?

SIMON.

Hein ?

LECOMTE.

J'ai changé d'idée et j'ai bien fait, morbleu !

SIMON.

Est-ce que par hasard vous auriez un neveu ?

LECOMTE.

Oui...

SIMON.

Qui depuis dix ans a quitté le village ?

LECOMTE.

Oui...

SIMON.

Qui joue à Paris un très-grand personnage?

LE COMTE.

Oui...

SIMON.

Qui vous a fermé sa porte au nez hier?

LECOMTE.

Oui... C'est-à-dire non!

SIMON.

C'est-à-dire oui, mon cher!
Vous êtes un nigaud!

LECOMTE.

Plaît-il?

SIMON.

Père Lecomte,
Vous voulez vous venger, n'est-il pas vrai?

LECOMTE.

J'y compte.

SIMON.

Vous êtes sûr d'avoir un excellent moyen?

LECOMTE.

Oui...

SIMON.

Vous allez gagner des millions !

LECOMTE.

Très-bien !

SIMON, s'en allant.

Bonjour !

LECOMTE.

Et tout le monde en crèvera de rage...
Et mon fils, dans huit jours, va quitter le village,
Et je le fais venir à Paris...

SIMON.

Et dans peu
Il rougira de vous... comme votre neveu !

LECOMTE.

Hein ?...

SIMON.

S'il vous reste encor tant soit peu de cervelle,
A triple cadenas fermez votre escarcelle...
Retournez à Rosoy sans entrer à Paris
Et, pour être honoré toujours par votre fils,
Si vous voulez en croire un conseil salutaire
Vous le ferez fermier...

LECOMTE.

Fermier!

SIMON.

Comme son père.

Comme son père!... Adieu... Rappelez-vous cela.

Il sort à gauche.

LECOMTE.

Au fait... il a raison peut-être...

SCÈNE XIII.

LECOMTE, PÉRINET, SAINT-LAURENT.

PÉRINET, au fond.

Le voilà!

Eh! c'est ce cher ami!...

Bas à Saint-Laurent.

Bonne tête, hein?

SAINT-LAURENT.

Parfaite!

PÉRINET.

Je vous cherchais partout...

SAINT-LAURENT, à part.

Quelle peur il m'a faite!

LECOMTE, bas à Périnet.

J'étais un peu pressé de savoir...

PÉRINET.

Sachez donc
Que monsieur Saint-Laurent... Saluez... Plus bas... Bon!
Monsieur de Saint-Laurent, à qui je vous présente,
Daigne aujourd'hui vous tendre une main bienfaisante.

LECOMTE.

Se peut-il?

SAINT-LAURENT.

Non, Monsieur... bienfaisante est mal dit!
C'est par mon amitié, Monsieur... par mon crédit,
Que je veux, secondant vos projets de vengeance,
D'un père de famille embrasser la défense.
Tout ce qui vous plaira, mon cher, je le ferai...
Vous avez de l'argent...

LECOMTE.

Oui...

SAINT-LAURENT.

Je vous le prendrai!

PÉRINET, bas à Lecomte.

Je vous l'avais bien dit... Vous voyez...

LECOMTE.

L'honnête homme !
Pardon, mais justement, j'ai là toute la somme...

PÉRINET, bas.

Très-bien !

SAINT-LAURENT.

Fi donc !

PÉRINET, bas.

Poussez !

LECOMTE.

Quarante mille francs...

SAINT-LAURENT.

Cachez cela... je pars... Des intérêts très-grands
M'appellent à Paris... Je reviens dans trois heures,
Avec cent actions pour vous...

PÉRINET.

Et des meilleures !

LECOMTE.

A Saint-Laurent.

Ah ! Monsieur !

A Périnet.

Ah ! mon cher ! Vous permettez...

ACTE I, SCÈNE XIII.

PÉRINET.

Parbleu !

SAINT-LAURENT.

Nous nous occuperons plus tard du cher neveu...

LECOMTE.

Quoi ! vous savez...

SAINT-LAURENT.

Je sais qu'un ingrat vous outrage ;
Mais s'il est insolent, soyez-le davantage !
Ne vous inquiétez de rien... Par mon crédit,
Vous deviendrez si grand qu'il paraîtra petit !
Il est riche... ce soir vous aurez la richesse !
Il est noble... ce soir vous aurez la noblesse !
C'est très-simple !... on ajoute à son nom seulement
Sa ville, son village ou son département.
Tout cela, rattaché par une particule,
Fait un superbe nom d'un nom très-ridicule...
Périnet, que voici, quand bon lui semblera,
Peut se nommer... monsieur Périnet du Jura !
Moi-même, si j'étais de naissance bourgeoise,
Je m'intitulerais Saint-Laurent de Pontoise !...
C'est l'usage... chacun le fait... Vous le ferez.

PÉRINET.

Et votre fils sera tout ce que vous voudrez.

Ministre ou sous-préfet, pour peu que ça vous plaise.

SAINT-LAURENT.

Et de votre neveu vous rirez à votre aise !

PÉRINET.

Et si vous-même un jour vous en êtes tenté,

Vous pourrez, au besoin, devenir député.

LECOMTE.

Député !

SAINT-LAURENT.

Pourquoi pas ?

LECOMTE.

Voilà ce que j'appelle

Des braves gens, taillés sur un fameux modèle.

Que faut-il faire ?

SAINT-LAURENT.

Rien.

LECOMTE.

C'est facile... En ce cas,

Je m'abandonne à vous.

SAINT-LAURENT, à Périnet.

Ne l'abandonne pas !

PÉRINET.

Je vous réponds de lui.

Saint-Laurent sort.

LECOMTE.

Ces chers amis!... j'en pleure...
Et ce monsieur Simon, qui voulait tout à l'heure...
Fermier!... fi donc! mon cher, c'est se moquer de nous..
Fermier! mon fils sera notaire... comme vous!

Il sort avec Périnet.

FIN DU PREMIER ACTE.

ACTE DEUXIÈME

Même décor.

SCÈNE I

ANNETTE, MARCEL.

MARCEL, à la cantonade.

Allons, c'est bien.

ANNETTE.

Quel bruit!

MARCEL, à la cantonade.

Monsieur va revenir.
Maintenant descendez, et tâchons d'en finir.
L'antichambre de fleurs n'est pas assez ornée ;
Mettez-en sur la table et dans la cheminée,
Partout!

ANNETTE.

Que d'embarras!

MARCEL.

Ah! belle enfant, j'allais
Vous porter mes respects.

ANNETTE.

Grand merci... gardez-les.

MARCEL.

Méchante! et demander...

ANNETTE.

Quoi?

MARCEL.

Si mademoiselle
Dîne ou ne dîne pas.

ANNETTE.

Elle dîne.

MARCEL.

Ah!

ANNETTE.

Chez elle.

MARCEL.

Encore...

ANNETTE.

S'il vous plaît.

MARCEL.

Entre nous, elle a tort...
Du comte de Rosoy je m'arrangerais fort.

ANNETTE.

Tu n'es pas dégoûté... mais nous...

MARCEL.

Vous êtes folles !
C'est un vrai grand seigneur, généreux...

ANNETTE.

En paroles.

MARCEL.

Je me trouve très-bien d'être de ses amis.

ANNETTE.

Il t'a donné beaucoup ?

MARCEL.

Il m'a beaucoup promis.

ANNETTE.

Les promesses, mon cher, ne ruinent personne...
Un seigneur qui promet vaut-il un gueux qui donne ?
Non... nous ne voulons pas du comte ni de toi.

MARCEL.

Bah ! Mais tu m'as promis...

ANNETTE.

Je ne dis pas non.

MARCEL.

Quoi! Pourrais-tu maintenant?...

ANNETTE.

J'ai promis, mais...

MARCEL.

Friponne!

ANNETTE.

Les promesses, mon cher, ne ruinent personne!

MARCEL.

Tu ris...

ANNETTE.

Non pas.

MARCEL.

Vrai!

ANNETTE.

Vrai.

MARCEL.

Tu me paieras cela.

ANNETTE.

Soit.

MARCEL.

Au revoir.

ANNETTE.

Bonjour!

Il sort.

SCÈNE II.

ANNETTE, puis AGATHE.

ANNETTE, *regardant la porte.*

Ils sont encore là...
C'est drôle! on entre ici comme dans une halle....
Chacun, où bon lui semble, à son aise s'installe...
Et monsieur, que l'on traite en aveugle... qu'il est;
Au lieu de s'en fâcher, trouve cela parfait.

AGATHE.

Annette...

ANNETTE.

Chut!

AGATHE.

Mon père est-il là?

ANNETTE.

Pauvre fille!
Eh! mon Dieu! non...

AGATHE.

Tant mieux. Par la petite grille
Je viens de voir entrer mon parrain. Je tremblais...

ANNETTE.

Ne craignez aujourd'hui ni maîtres ni valets :
Personne ne sait plus où donner de la tête...
Monsieur court... Marcel veille au dîner qui s'apprête;
Quant aux deux affidés de monsieur Saint-Laurent,
Ils sont là... regardez... l'un dort...

SCÈNE III.

Les Mêmes, SIMON.

SIMON.

On vous y prend !
Courage... espionnons par le trou des serrures...

AGATHE.

Mon bon parrain !

SIMON.

C'est donc la chambre aux aventures !
Que se passe-t-il là ?... voyons... Est-ce permis ?

ANNETTE.

C'est monsieur Périnet et l'un de ses amis.

SIMON.

Ah ! bah ! mon Bourguignon...

ANNETTE.

Juste.

SIMON.

La place est bonne,
Je la connais... j'en puis parler mieux que personne.
Mais que diable y font-ils?

ANNETTE.

Ils ont couru si fort
Que votre Bourguignon est rentré presque mort.
Ce monsieur Périnet a tué le pauvre homme,
Et, pour le réveiller, il lui fait faire un somme.

SIMON, regardant.

C'est vrai... Tout de son long, couché dans un fauteuil,
Il dort... et Périnet ne le perd pas de l'œil.
Périnet !... J'en ai su des nouvelles en route...
Mais, silence... on entend pour peu que l'on écoute.

Ils s'éloignent.

Ah çà, décidément, et le cœur sur la main,
Le comte te déplaît, n'est-ce pas?...

AGATHE.

Mon parrain...
Pourriez-vous croire...?

SIMON.

Non... pas du tout... Au contraire,
J'ai déjà travaillé, sans crainte, à t'en défaire.
Mon fils vaut beaucoup mieux... je n'en doutais pas... mais
J'en suis encor plus sûr maintenant que jamais.
Contre le Saint-Laurent je n'ai pu rien apprendre ;
Quant au sieur Périnet, qui voudrait bien m'entendre,
Et qui déguerpirait s'il me savait ici,
Je le connais à fond... très à fond, Dieu merci !
J'avais complétement oublié son histoire,
Dont tout à l'heure on m'a rafraîchi la mémoire.
Jadis, dans mon étude, amateur peu zélé,
Le drôle ne m'a pas précisément volé...
Mais il s'en est fallu de si peu... qu'à la porte
Je l'ai mis... sans attendre une raison plus forte.
Je ne suis pas payé pour l'aimer aujourd'hui,
Et j'augure assez mal des autres d'après lui !
Du reste, tel qu'il est, il va m'aider peut-être,
Et j'ai compté sur lui pour un rôle de traître...

Si mon plan réussit comme j'en ai l'espoir,
Le cher comte en prison pourra coucher ce soir...

AGATHE.

Le comte !

SIMON.

De Rosoy !... fripon de même espèce,
Qui pratique assez bien le vol à la noblesse...
En seigneur de raccroc paysan travesti,
Sur son nom, sur son rang, sur tout il a menti.
Et sans moi... sans le ciel qui m'inspira lui-même,
Victime... pauvre enfant... d'un lâche stratagème,
Voilà le noble époux que l'on te destinait.

AGATHE.

Mais alors...

SIMON.

Je suis là... ne crains rien... Périnet
De la friponnerie a des preuves certaines
Qui passeront bientôt de ses mains dans les miennes.
Pour m'assurer de lui, j'ai déjà tout prévu...
Il ne sortira pas d'ici sans m'avoir vu...
Et quand j'aurai, ce soir, de ces grands personnages,
Grâce à sa trahison, démasqué les visages,

En secret averti, par moi, du bon moment,
Maître Jean Simon fils arrive au dénoûment.

AGATHE.

Lui !

ANNETTE.

Bravo !

SIMON.

Nos vauriens se fâchent... on les chasse...
A leur nez, à leur barbe, on s'explique, on s'embrasse...
Et le roman finit, comme tous les romans,
Par un bon mariage entre les deux amants.

AGATHE.

Mon cher parrain !

SIMON.

Sur ce, je vous laisse... le comte
Ne peut tarder, j'espère, à revenir...

ANNETTE, regardant par la fenêtre.

Il monte.

SIMON.

Tout seul ?

ANNETTE.

Avec monsieur.

SIMON.

Diable !

ANNETTE, regardant au fond.

Et de ce côté Voici le Saint-Laurent.

AGATHE.

Ciel !

SIMON.

J'en suis enchanté !

AGATHE.

Mais...

SIMON.

Plus on est de fous, plus on rit, ce me semble ;
Tous trois dans mes filets viennent tomber ensemble...
Tant mieux ! on les prendra tous les trois d'un seul coup !
Adieu donc... Bon courage... et silence surtout.

AGATHE.

Jusqu'à votre retour je condamne ma porte.

ANNETTE.

Voici notre homme.

SIMON.

Eh bien ?

AGATHE.

Il va vous voir.

SIMON.

Qu'importe ?
Il ne me connaît pas... Mais j'espère aujourd'hui
Faire, bon gré, mal gré, connaissance avec lui.

Agathe et Annette rentrent.

Allons, Messieurs, voici le moment de combattre...
L'ennemi n'a pas peur, et monte quatre à quatre.
Avec mes alguazils je vais avoir mon tour...
Je les tiens tous... Monsieur, j'ai bien l'honneur.

SAINT-LAURENT.

Bonjour.

SIMON, *sortant par la porte à gauche.*

Au revoir, drôle!...

SCÈNE IV.

SAINT-LAURENT, puis PÉRINET.

SAINT-LAURENT.

Holà... quelqu'un !... Marcel ! Annette !
Ah çà, mais tout le monde a donc perdu la tête !
Maudits wagons ! j'ai cru qu'on n'en sortirait pas.
Marcel !... Où diantre est-il ?... Marcel !

PÉRINET, sortant du cabinet à droite.

Plus bas... plus bas !

SAINT-LAURENT.

Périnet !

PÉRINET.

Périnet lui-même...

Montrant les billets.

Et compagnie !

Je commence à me croire un homme de génie.

SAINT-LAURENT.

Notre argent ?

PÉRINET.

Le voici...

SAINT-LAURENT.

Très-bien.

PÉRINET.

Nos actions ?

SAINT-LAURENT.

Les voilà... Mais notre homme...

PÉRINET.

Il rêve millions...

SAINT-LAURENT.

Il dort ?

PÉRINET.

Et dormira longtemps encor, j'espère...
J'ai bien fait pour cela tout ce qu'on pouvait faire.
Je n'ai jamais tant vu de pays qu'aujourd'hui.
Quel voyage!... J'allais m'endormir comme lui
Lorsqu'enfin votre voix... Mais s'il s'éveillait... Diable !
Il faut lui ménager la surprise agréable
De son rêve accompli miraculeusement...
Dors, heureux Bourguignon... le bien vient en dormant.

Il lui porte les actions.

SAINT-LAURENT, après avoir compté les billets.

On ne peut refuser ce que l'on vous confie...
Je n'en voulais pas tant... mais je me sacrifie...

PÉRINET, rentrant.

Là... je viens de combler notre homme de bienfaits...
Je suis toujours heureux des heureux que je fais...
Partons-nous ?

SAINT-LAURENT.

Oui... le comte est rentré ?

PÉRINET.

Je l'ignore...
Je l'attendais... sans vous je l'attendrais encore.

SAINT-LAURENT.

Je ne tiens pas du tout à le voir... loin de là.

J'ai préparé pour lui la lettre que voilà...

A notre rendez-vous je ne veux plus qu'il vienne.

PÉRINET.

Votre éloquence a peur de rougir de la sienne ?

SAINT-LAURENT.

Peut-être... les bavards sont très-bons à cacher.

Quand il en sera temps je l'enverrai chercher :

On l'a déjà trop vu... Le gendre et le beau-père

Viennent encor, je crois, de gâter notre affaire...

Si j'avais été là j'aurais tout réparé ;

J'y cours !... je parlerai, séduirai, promettrai !

Cette lettre avertit le comte de m'attendre,

Et lui dit qu'au besoin quelqu'un viendra le prendre.

L'essentiel serait qu'il la reçût à temps...

Pour s'amuser, du reste, il trouvera dedans

Un recueil de billets de toutes les espèces :

Souvenirs de tailleurs, mémoires de maîtresses...

Six protêts de selliers... onze de carrossiers...

Répertoire complet de tous nos créanciers !

Je leur fais annoncer que la caisse est ouverte...

Qu'on les paiera dimanche... à cent pour cent de perte !

D'ici là nous aurons liquidé Girardot,

Et noyé la d'Elmar, qui remonte sur l'eau...

Il faut en même temps que je me débarrasse

D'un nouvel ennemi dont le ciel nous menace;

Un oncle, ou je ne sais quel parent paternel,

Qui s'est venu casser le nez à notre hôtel...

Heureusement, ici nous n'avons rien à craindre,

Et tout ce monde-là ne saurait nous atteindre.

Ah çà mais, ventrebleu! va-t-on venir?...

PÉRINET.

       Pourquoi?

SAINT-LAURENT.

Cette diable de lettre... il faut

PÉRINET.

       Donnez-la-moi.

Je me charge, Monsieur, d'arranger votre affaire.

SAINT-LAURENT.

Tu sais...

PÉRINET.

   Certainement, je sais ce qu'il faut faire.

On vous attend, partez... Je reste... sans témoins

Je remets cette lettre au comte... et vous rejoins.

Je vous réponds de tout.

SAINT-LAURENT.

Soit... On vient... je m'esquive.

<small>Il sort.</small>

SCÈNE V.

PÉRINET, puis M. SIMON.

PÉRINET.

Pour arriver, on a du mal... mais on arrive...
L'intrigue!... je le sens, j'étais né pour cela;
Une fois bien lancé, j'irai loin!

SIMON.

Halte-là!

PÉRINET.

Plaît-il?

<small>A part.</small>

Oh ciel!

SIMON.

Ma vue a l'air de vous déplaire;
Ça ne m'étonne pas... Simon, ancien notaire!
Vous me reconnaissez?... Je vous savais ici,
Et je viens vous chercher. Pour quel sujet?... voici:
Vous êtes un fripon!... j'ai contre vous, en poche,
Des preuves qui pourraient vous perdre... Sans reproche.

Je ne vous en veux pas du tout... mais, d'un seul mot,
Je puis vous faire mettre en prison... s'il le faut.

PÉRINET.

Monsieur...

SIMON.

Cela posé, parlons tout à notre aise.

PÉRINET, à part.

Que faire...

SIMON.

J'ai besoin de vous... ne vous déplaise.
Vous avez peur de moi... donc, réciproquement,
Nous devons nous entendre assez facilement.
Monsieur, vous avez là deux billets que j'exige !

PÉRINET.

Deux billets ?

SIMON.

Protestés.

PÉRINET.

Mais...

SIMON.

Ils y sont, vous dis-je !
Hier, ne sachant pas que vous la trahissiez,

Une dame d'Elmar vous les a confiés...
Ma proposition n'a rien qui vous effraie ;
Si vous me les donnez, je les prends et les paie.
Sinon, tant pis pour vous!... Jusqu'ici, par pitié,
J'ai parlé doucement, et n'ai pas réveillé
Le sot qui, près de nous, sur un volcan sommeille.

PÉRINET.

Grands dieux!

SIMON.

De cette chambre on entend à merveille.
J'étais là, ce matin... quand vous et Saint-Laurent
De vos honteux secrets m'avez mis au courant.
Tâchez... si vous voulez que rien ne se découvre,
De me fermer la bouche... on sait tout si je l'ouvre...
Je veux que ces billets, entre mes mains remis,
M'arment, non contre vous, mais contre vos amis.
Je parle franchement... répondez-moi de même.
Mon fils, un honnête homme, aime Agathe... qui l'aime.
Je veux les marier... et je les marîrai...
Et je me servirai de vous, bon gré, mal gré !
Si vous me secondez, l'affaire sera bonne...
Tout ce qu'on vous avait promis, je vous le donne !
Plus, même!... je n'y mets qu'une condition...

ACTE II, SCÈNE V.

Vous voyez bien, là-bas, ce petit pavillon?
Pour m'assurer de vous, je n'agis pas en traître,
Je vous y tiens, sous clef, jusqu'à demain.

PÉRINET, à part.

Peut-être...

SIMON.

Du reste, vous aurez tout ce qu'il vous faudra;
Mais, jusqu'à demain soir, nul que moi n'y viendra.
Est-ce dit?

PÉRINET.

Permettez...

SIMON.

Vite, je vous en prie.
Donnez-moi mes billets... ou sans cela je crie!

PÉRINET, à part.

Cette lettre... comment la faire parvenir?
J'y suis...

Haut.

Jamais, Monsieur!

SIMON.

Jamais!... il va venir.

PÉRINET.

Qu'il vienne!

SIMON.

D'un seul mot je pourrais vous confondre.

PÉRINET.

Parlez... criez... à tout je suis prêt à répondre.

SIMON.

Pour la dernière fois, voulez-vous?

PÉRINET.

Non!

SIMON.

Eh bien,
Puisqu'il en est ainsi, je ne ménage rien...

Haut.

Une juste fureur à ma pitié succède...

Criant.

Il m'entendra, vous dis-je!...

LECOMTE, dans le cabinet.

Eh! là-bas... eh!...

PÉRINET.

Je cède!

SIMON.

A la bonne heure.

LECOMTE, entrant.

Ah çà... je dormais donc?

SIMON.

Venez.

PÉRINET.

Me voilà... Je vous suis...

<small>A Lecomte, en lui donnant la lettre.</small>

Prenez vite... prenez!

<small>Simon et Périnet sortent.</small>

SCÈNE VI.

LECOMTE, seul.

Tiens! Dites donc, mon cher... eh! mon cher! drôle d'homme!
Je crois, décidément, que j'ai fait un bon somme.
Ça m'a rendu la force, et l'appétit, ma foi!
Voyons... Monsieur... monsieur le comte de Rosoy...
Pourquoi diable m'a-t-il chargé de cette lettre?
Je ne sais pas à qui, ni comment la remettre.
Le comte de Rosoy... sans adresse... Ce nom
Ne m'est cependant pas inconnu... Rosoy? Non...
Cela ne se peut pas... Ils auront voulu rire.
Au fait... je les entends tous deux encor me dire :
« C'est très-simple... on ajoute à son nom seulement
« Sa ville, son village... ou son département...
« Tout cela, rattaché par une particule,

« Fait un superbe nom d'un nom très-ridicule. »

Rosoy... Le comte... de... Le comte de Rosoy !

Oui-dà, mon cher neveu, c'est moi, c'est parbleu moi !

« Il est noble... ce soir vous aurez la noblesse...

« Il est riche... ce soir vous aurez la richesse !

<small>Apercevant les actions qui sortent de sa poche.</small>

Qu'est-ce que c'est que ça ? Grands Dieux... mes actions !

<small>Lisant.</small>

Capital social : quatre-vingts millions !

Je ne sais vraiment plus où donner de la tête...

Me voilà grand seigneur... et ma fortune est faite !

Oui, monsieur mon neveu... Le comte de Rosoy !

C'est écrit !... et mon fils le sera comme moi !

Et vous aurez beau faire, et vous aurez beau dire,

Pour qu'il vienne demain, ce soir je veux écrire...

Ah ! vous avez osé m'envoyer promener...

SCÈNE VII.

LECOMTE, LE COMTE DE ROSOY.

LE COMTE DE ROSOY, <small>en dedans à gauche.</small>

Tout à l'heure... il m'attend... je vais vous l'amener.

LECOMTE.

Si je le vois jamais...

ACTE II, SCÈNE VII.

LE COMTE DE ROSOY.

Pardon, Monsieur...

LECOMTE.

Qu'il tremble!

LE COMTE DE ROSOY.

Saint-Laurent n'est pas là?

LECOMTE.

Non, Monsieur, il me semble.

LE COMTE DE ROSOY.

Cependant, tout à l'heure il m'a fait prévenir
Qu'il m'attendrait ici...

LECOMTE, assis à gauche.

C'est qu'il y va venir
Probablement. Pardon, voulez-vous bien permettre...
J'étais en train, Monsieur, de lire cette lettre...

LE COMTE DE ROSOY.

Continuez, Monsieur, continuez...

A part.

Voilà
Un drôle d'homme! Où diantre ai-je donc vu cela?

Il s'assied à droite.

LECOMTE, lisant.

Tout va très-bien... Tant mieux... l'élection est sûre.
L'élection...

LE COMTE DE ROSOY, se levant.

Monsieur...

LECOMTE.

J'achève ma lecture.
Je suis à vous...

LE COMTE DE ROSOY.

Encore...

LECOMTE.

Attendez-moi... J'attends...
On viendra vous chercher quand il en sera temps.
Qu'on vienne !

LE COMTE DE ROSOY, à part.

Pour le coup, c'est Saint-Laurent qui monte...
Non.

LECOMTE, lisant.

Je vous avertis qu'hier...

SCÈNE VIII.

LECOMTE, LE COMTE DE ROSOY, un garde
du commerce, un électeur.

LE GARDE DU COMMERCE, bas à Lecomte.

Monsieur le comte
De Rosoy?

LECOMTE.

Quoi?

L'ÉLECTEUR, au comte.

Monsieur le comte de Rosoy?

LE COMTE DE ROSOY.

Plaît-il?

LECOMTE.

Que voulez-vous, mon cher? C'est moi.

LE COMTE DE ROSOY.

C'est moi.

L'ÉLECTEUR, au comte.

Au club préparatoire on voudrait vous entendre.

LE GARDE DU COMMERCE, bas à Lecomte.

Vous comprenez.

LECOMTE.

Parbleu! c'est facile à comprendre.

L'ÉLECTEUR, au comte.

Monsieur Saint-Laurent croit que c'est le bon moment.

LECOMTE, au garde du commerce.

Mon ami Saint-Laurent, n'est-ce pas?

LE GARDE DU COMMERCE.

Justement.

LE COMTE DE ROSOY.

Très-bien.

LECOMTE.

Très-volontiers.

LE COMTE DE ROSOY.

Quand vous voudrez.

LECOMTE.

Sans doute.

J'attendrai... je pourrai lire le reste en route.
Partons.

LE COMTE DE ROSOY, à la porte.

Passez, Monsieur.

LE COMTE.

Non, Monsieur... s'il vous plaît; Après vous.

LE COMTE DE ROSOY.

Après vous.

LE COMTE.

Pardon.

LE COMTE DE ROSOY.

Pardon.

Ils sortent par la porte du fond.

LE GARDE DU COMMERCE, à Simon, qui entre par la porte de gauche.

C'est fait!

SIMON.

Bien! Ne le quittez pas.

SCÈNE IX.

SIMON, AGATHE, ANNETTE.

SIMON, à la porte d'Agathe.

Agathe! vite, Agathe! C'est moi. Victoire! On tient l'ennemi... je m'en flatte. Il était temps...

A Annette.

Courez... Girardot est ici...

AGATHE.

Mon père !

SIMON.

Veux-tu bien ne pas trembler ainsi.
C'est un bon diable au fond... je me fais une fête
De manger son dîner que pour l'autre il apprête.

A Annette.

Dites qu'un électeur, très-pressé de le voir,
Demande s'il pourrait ici le recevoir.

Annette sort.

A Agathe.

Tu verras sa surprise et sa fureur peut-être,
Quand, au lieu d'un convive, il va me reconnaître.
Il croira que le diable est descendu chez lui,
Tout exprès pour troubler la fête d'aujourd'hui.
J'en rirai de bon cœur.

AGATHE.

Et moi pas.

SIMON.

Au contraire.
Je rirai, tu riras, nous rirons tous, j'espère.

Je veux que Girardot, reconnaissant son tort,
En rie autant que nous, et peut-être plus fort.
Pour avoir peur de lui je suis trop bien en garde.
Quelle mine il va faire !

ANNETTE, rentrant.

Il vient.

AGATHE.

Déjà !

SIMON.

Regarde.

SCÈNE X.

SIMON, AGATHE, GIRARDOT, ANNETTE.

GIRARDOT.

Pardon, Monsieur, pardon. Si j'avais su... Grands dieux !
Cela ne se peut pas...

SIMON.

Si fait... Bonjour, mon vieux.

GIRARDOT.

Vous ici, vous chez moi...

SIMON.

Précisément, moi-même.
Ici... chez toi...

GIRARDOT.

Monsieur!

SIMON.

Chez un ingrat... que j'aime.

GIRARDOT.

Et vous n'avez pas craint?

SIMON.

Je n'ai pas craint du tout.

GIRARDOT.

Monsieur! je ne saurais écouter jusqu'au bout
De pareils propos... Ciel! ma fille!

SIMON.

Ma filleule!
Qu'ici j'ai retrouvée en larmes... toute seule.
Vous n'étiez pas là, vous. J'ai bien fait d'arriver.
Son père la perdait... je viens de la sauver.

GIRARDOT.

Ah çà, décidément, que prétendez-vous dire?

SIMON.

Que je me fâcherais, si je n'aimais mieux rire!
Nous serions fous, vraiment, d'éterniser ainsi
Des orages qu'un mot peut finir, Dieu merci.
Girardot, mon ami, voyons, je t'en conjure...
Ce que tu vas entendre est la vérité pure.
On te trompait. Tout autre eût été, comme toi,
Séduit par Saint-Laurent et le sieur de Rosoy,
Deux aimables voleurs de la haute volée,
Qui lorgnaient ta fortune et te l'auraient soufflée ;
Mais, fort heureusement, du danger prévenu,
J'ai voulu t'y soustraire et j'y suis parvenu.
Moi, depuis quarante ans l'ami de la famille,
J'ai sauvé d'un seul coup ta fortune et ta fille ;
Et ce ne sont pas là des paroles en l'air.
Ce que je dis, je vais le prouver... oui, mon cher,
Le comte de Rosoy, monsieur ton futur gendre,
Que l'on attend au club, et qui s'y fait attendre,
Arrêté, tout à l'heure, ici, dans ta maison,
Comme un fripon qu'il est, va dîner en prison.

GIRARDOT.

Le comte de Rosoy !

SIMON.

Lui-même.

GIRARDOT.

Est-il possible?

SIMON.

C'est certain.

GIRARDOT.

Mais alors on voulait...

SIMON.

C'est visible,

On voulait se moquer de toi.

GIRARDOT.

Simon...

SIMON.

Parbleu!

Pour ne pas bien jouer ils avaient trop beau jeu.

GIRARDOT.

Cependant je suis sûr...

SIMON.

Je suis sûr du contraire.

GIRARDOT.

Tu crois donc que le comte...

ACTE II, SCÈNE X.

SIMON.

Et son digne confrère
Ont déjà beaucoup fait et feront encor plus
Pour te voler ta fille, et surtout tes écus.
La preuve... tu l'auras.

GIRARDOT.

Donne, donne, et j'espère
Bientôt, dans ma fureur...

LE COMTE DE ROSOY, en dehors.

Beau-père...

AGATHE.

Oh ciel!

LE COMTE DE ROSOY.

Beau-père!

GIRARDOT.

C'est sa voix, c'est bien lui!

SIMON.

Lui! qui?

AGATHE.

Le comte!

SIMON.

Non!

SCÈNE XI.

SIMON, AGATHE, GIRARDOT, LE COMTE DE ROSOY, ANNETTE.

LE COMTE DE ROSOY.

Victoire!... C'est fini!

GIRARDOT, à Simon.

Que me disiez-vous donc?

SIMON.

Je te disais...

Au comte.

Monsieur...

GIRARDOT, au comte.

Je veux savoir...

AGATHE, à part.

Je tremble...

SIMON ET GIRARDOT.

D'où venez-vous?

LE COMTE DE ROSOY.

Pardon... ne parlons pas ensemble.

SIMON.

D'où venez-vous?

LE COMTE DE ROSOY.

Du club.

SIMON.

Du club!

LE COMTE DE ROSOY.

Directement,
Où j'ai même parlé très-bien, sans compliment.
C'est pour cela qu'ici l'on m'était venu prendre.

SIMON.

Tout à l'heure?

LE COMTE DE ROSOY.

Sans doute, et je ne puis comprendre...

AGATHE, à part.

Dieux!

GIRARDOT, à Simon.

Mais alors...

SIMON.

J'y suis!

Au comte.

Vous ne comprenez pas.
Eh bien, moi je comprends... et je cours de ce pas...
Oui, c'est cela, les sots ont commencé par l'autre.

LE COMTE DE ROSOY.

Plaît-il?...

SIMON.

Chacun son tour... Je vous promets le vôtre. Ah! c'est le Saint-Laurent qu'on m'a mis en prison...

LE COMTE DE ROSOY.

En prison!

SIMON.

En prison!

GIRARDOT.

Saint-Laurent!...

SCÈNE XII.

SIMON, GIRARDOT, AGATHE,
LE COMTE DE ROSOY, SAINT-LAURENT,
ANNETTE.

SAINT-LAURENT.

Allons donc!

SIMON.

Que vois-je...

AGATHE.

Ciel!

ACTE II, SCÈNE XII.

GIRARDOT.

Eh bien!...

SAINT-LAURENT.

Venez-vous?

LE COMTE DE ROSOY, bas à Saint-Laurent.

Mais...

SAINT-LAURENT, bas.

Silence!

Je sais tout...

Haut.

On se plaint en bas de votre absence,
Et la foule déjà commence à s'étonner
Que les amphitryons manquent seuls au dîner.

GIRARDOT, à Simon.

Vous l'entendez... Ainsi, c'est de moi qu'on se moque.

SIMON, à Girardot.

Quoi!... Vous croyez...

GIRARDOT.

Parbleu!

SIMON.

Vous croyez... Je suffoque!

C'est indigne...

A Saint-Laurent.

Monsieur, quand vous êtes entré,
Je disais... devant vous je le répéterai...
Je disais...

SAINT-LAURENT.

Bien, Monsieur, votre excuse est très-bonne ;
Si vous disiez du mal de moi... je vous pardonne.

SIMON.

Plaît-il ?... Vous m'entendrez...

SAINT-LAURENT.

Très-volontiers, plus tard.

SIMON.

Pour madame d'Elmar j'ai...

SAINT-LAURENT.

Madame d'Elmar...
Qu'est-ce que c'est que ça ?

SIMON.

Vous pourriez...

SAINT-LAURENT.

Je déteste
Les disputes... Adieu.

SIMON.

Pas encore ; il me reste

Un témoin... un témoin par moi-même arrêté,
Qui fera devant vous briller la vérité,
Votre ami Périnet... Vous n'oserez peut-être
Renier celui-là...

SAINT-LAURENT.

Non, certe... Il peut paraître...

SCÈNE XIII.

SIMON, GIRARDOT, AGATHE, ANNETTE, LE COMTE DE ROSOY, SAINT-LAURENT, PÉRINET.

PÉRINET.

A table!

SIMON.

Périnet!

LE COMTE DE ROSOY.

Périnet!

SAINT-LAURENT.

Justement
Le voici... C'est parbleu venir au bon moment!

SIMON, haut à Périnet.

Par où diable êtes-vous sorti?

PÉRINET, bas.

Par la fenêtre !

SIMON.

Hein?

PÉRINET, haut.

Je n'ai pas, Monsieur, l'honneur de vous connaître,
Et je ne comprends pas...

SIMON.

Vous ne comprenez pas?

PÉRINET.

Pas du tout...

SIMON.

Vous venez de me dire tout bas...

PÉRINET.

Quoi?

SIMON.

D'ailleurs, je suis sûr...

A Girardot.

J'ai vu... je veux... j'exige.

SAINT-LAURENT.

Qu'est-ce que vous voulez?

SIMON.

Je veux... j'ai vu, vous dis-je,

Positivement vu, là , de mes propres yeux,
Emmener en prison l'un de ces deux messieurs.

SAINT-LAURENT.

En prison... Halte-là... Cette plaisanterie
A duré trop longtemps... Finissons, je vous prie.

SIMON.

Mais...

SAINT-LAURENT.

Si vous ajoutez un mot...

SIMON.

      J'ajouterai
Tout ce que je saurai, tout ce que je voudrai...
Que le comte n'est pas un comte véritable...

LE COMTE DE ROSOY.

Monsieur !

SIMON.

Que Périnet est un traître pendable...

PÉRINET.

Monsieur !

SIMON.

Que tous les trois vous n'avez pas le sou ;
Qu'enfin...

SAINT-LAURENT.

Allons, mon cher, allons, vous êtes fou !
De vos inventions personne n'est la dupe ;
Nous savons tous trop bien quel projet vous occupe ;
Mademoiselle Agathe, et j'en suis peu surpris,
A le bonheur de plaire à monsieur votre fils...

AGATHE.

Monsieur...

SIMON.

Certainement... Mais lui déplairait-elle,
Qu'à ma vieille amitié pour Girardot fidèle,
Je me ferais toujours un devoir...

SAINT-LAURENT.

D'accuser
Des gens qui d'un seul mot vont le désabuser.

SIMON.

Mais j'ai des preuves...

SAINT-LAURENT.

Vous... Ah fi ! c'est une honte.

Au comte.

Votre banquier, mon cher, m'a remis cet à-compte :
Quarante mille francs !

GIRARDOT, à Simon.

Voilà des preuves...

ACTE II, SCÈNE XIII.

SIMON.

Quoi!
Tu ne me crois pas?

GIRARDOT.

Non.

SIMON.

Adieu!

AGATHE.

Je vous crois, moi!

A Girardot.

Mon bon père...

GIRARDOT.

Demain vous serez mariée...

AGATHE, aux genoux de son père.

De grâce!

SAINT-LAURENT, à part.

Bien... l'affaire est tout à fait brouillée.

GIRARDOT, à Agathe.

Levez-vous!

AGATHE.

Par pitié...

GIRARDOT.

Pour la dernière fois,

Je l'ordonne...

A Simon.

Sortez!

SIMON, à Agathe.

Tu le vois! tu le vois!

SAINT-LAURENT.

Bravo!... le Girardot va tout seul...

PÉRINET.

A merveille.

GIRARDOT.

Et nous, Messieurs... à table!

SIMON.

Oui... je vous le conseille!
De notre pauvre enfant, votre amour paternel
A pris soin d'assurer le malheur éternel.
Courez vous réjouir... Adieu... Par cette porte
Je sors, puisque l'on ose ordonner que je sorte...
Moi qui vous aimais tant... Mais je vous oublîrai...
Vous ne me verrez plus jamais...

A part, en regardant Agathe.

Je reviendrai!

FIN DU DEUXIÈME ACTE.

ACTE TROISIÈME

Même décor.

SCÈNE PREMIÈRE.

AGATHE, seule; elle est près de la table et termine une lettre.

J'ai tort... mais si mon père à mes larmes résiste ;
Dans son aveuglement, malgré moi, s'il persiste ;
Si, par orgueil, ou bien par tendresse pour moi,
D'un hymen qui m'effraie il m'impose la loi ;
Lorsque tout m'abandonne en ce péril extrême,
Il faut bien que je cherche à me sauver moi-même.
L'ami dont la présence était mon seul appui
A voulu vainement me défendre aujourd'hui.
S'il s'éloigne ce soir, demain que deviendrai-je?
Je n'aurai plus personne ici qui me protége...
Mon père ordonnera... Moi, quand j'aurai pleuré,
Ne pouvant rien de plus, je me résignerai.
Non... il le faut... je veux... j'irai, quoi qu'il m'en coûte,
C'est le dernier moyen qui me reste sans doute.

A Annette, qui entre.

Eh bien! qu'a dit mon père?...

SCÈNE II.

AGATHE, ANNETTE.

ANNETTE.

Il va venir.

AGATHE.

Vraiment ?
Tu l'as vu ?

ANNETTE.

Je le quitte. On n'est pas plus charmant !
J'entre... derrière lui je me glisse... avec peine...
Tant la salle à manger de convives est pleine.
Pendant que tout cela dévore et ne dit mot,
Je conte notre affaire à monsieur Girardot.
Par un de ces hasards dont le bon vin se mêle,
Il était en accès de vertu paternelle ;
Bien loin de se fâcher, comme je le craignais :
— Certainement, dit-il, j'y vais aller... j'y vais.
Pour vous en prévenir aussitôt je m'esquive,
Tandis que Saint-Laurent, toujours sur le qui-vive,
D'un œil inquisiteur interrogeant le mien,
Tâchait de tout comprendre, et ne comprenait rien.

AGATHE.

Mon bon père...

ANNETTE.

Une fois avec lui, tête à tête,
Profitez-en... surtout ne restez pas muette...
Je conçois que tantôt vous ayez pu trembler ;
Mais maintenant il faut parler, et bien parler.
Avez-vous du courage ?

AGATHE.

Oui... j'en aurai, j'espère...

ANNETTE.

Allez... vous êtes bien fille de votre père.
Le temps passe pendant qu'ici nous marchandons ;
C'est ce soir ou jamais qu'il faut plaider... plaidons !
A votre autre projet nous songerons ensuite ;
Moi, je suis pour la lutte, et non pas pour la fuite.

AGATHE.

Et, pendant ce temps-là, mon parrain furieux...

ANNETTE.

Votre parrain vous aime, et ferait beaucoup mieux,
Quoiqu'au fait on l'ait mis brusquement à la porte,
D'oublier sa fureur, pour nous prêter main-forte.

AGATHE.

Il ne s'en souvient plus, et, dans mon intérêt,
Sa bonté courageuse à tout consentirait.
Puis-je encor cependant permettre qu'il s'expose
À de nouveaux affronts dont je serais la cause ?
Non... Pour me confier à sa noble amitié,
Je n'avais qu'un moyen, et je l'eusse employé,
Tout à l'heure, sans toi... sans ta bonne réponse...
Je voulais... Cette lettre à mon père l'annonce...

ANNETTE.

Quoi !

AGATHE.

Non... je ne pars pas, je reste ; j'avais tort.
Mon père va venir, mon père m'aime encor !
Qu'il ignore toujours qu'une pareille lettre...
Il vient... je l'entends... Ciel !

SCÈNE III.

AGATHE, SAINT-LAURENT, ANNETTE.

SAINT-LAURENT.

Hein !... Plaît-il ?

ANNETTE, à part.

Ah ! le traître !

ACTE III, SCÈNE III.

SAINT-LAURENT.

Votre charmant accueil me touche au dernier point.

AGATHE.

Pardon... mais à vous voir je ne m'attendais point.

SAINT-LAURENT.

Girardot m'a tout dit, et j'accours à sa place.

AGATHE.

A sa place...

SAINT-LAURENT.

Ordonnez... que voulez-vous qu'on fasse ?
On vous obéira... j'en réponds de sa part.

AGATHE.

Il ne viendra donc pas ?

SAINT-LAURENT.

Si fait... bientôt... plus tard.
Quoiqu'à votre désir il eût voulu se rendre,
L'instant est mal choisi, vous devez le comprendre.
C'est déjà tout au plus, au milieu du repas,
Si j'ai pu m'échapper... lui, ne le pouvait pas.
Voyons, méchante enfant, quand donc serons-nous bonne ?
Tout le monde nous aime, et nous n'aimons personne.
A nos meilleurs amis au lieu de nous fier,

Nous les accusons tous... Saint-Laurent le premier.
Nous boudons, nous pleurons, nous sommes malheureuse,
Quand il faudrait ce soir être fière et joyeuse...
Par d'injustes soupçons chaque jour insulté,
De nous chérir encor le comte a la bonté ;
Au lieu de se fâcher contre nous, sans rancune,
Il met tout à nos pieds, rang, titre, honneurs, fortune.
D'un honnête marchand simple fille aujourd'hui,
Nous deviendrons demain comtesse, grâce à lui !
Comtesse !... allons, c'est mieux que femme de notaire,
Il faut bien l'avouer... Et notre brave père,
Dont nous méconnaissons la tendresse et les droits,
Nous rend un grand service en forçant notre choix.
Comtesse !... vous aurez tout ce que l'on envie,
Tout ce qui fait l'orgueil... le bonheur de la vie !
Des diamants au cou... des diamants au front !
Des chevaux insolents... qui m'éclabousseront !
C'est gentil !... Sans compter ces riches bagatelles,
Ces mille riens charmants, ces satins, ces dentelles,
Qui, d'un moment à l'autre, arrivant de Paris,
Vont mettre à vos genoux la perle des maris !
Eh bien, qu'en dites-vous, et que devrai-je dire
Au tyran paternel... avec qui je conspire.

ACTE III, SCÈNE III.

AGATHE.

Dites-lui qu'en pleurant de n'avoir pu le voir,
Je me suis résignée à faire mon devoir...

SAINT-LAURENT.

A la bonne heure... Eh bien?...

AGATHE. Elle va cacheter sa lettre.

       Annette... cette lettre
Pour mon père...

SAINT-LAURENT.

    Donnez... je vais la lui remettre.

11 la prend.

Est-ce tout ?

AGATHE.

   Dites-lui... que j'ai longtemps lutté...
Mais qu'enfin j'obéis à la nécessité.

SAINT-LAURENT.

C'est dit... Tu n'as pas vu mon Bourguignon, Annette?

ANNETTE.

Personne.

SAINT-LAURENT, à Agathe, qui sort.

Adieu, comtesse...

         Annette sort.

SCÈNE IV.

SAINT-LAURENT, seul.

On n'est pas plus coquette!
Pas une n'en réchappe... Oh! corrupteur divin,
Diamant!... dont l'éclat jamais ne brille en vain!
Ève, comme un gourmand traitant le premier homme,
Pour tenter sa vertu, lui présente une pomme...
La femme est plus coquette encor que lui gourmand...
Adam eût à la femme offert un diamant!
Et je ne m'en plains pas! Grâce à cette ressource,
On tient toujours le cœur des femmes dans sa bourse!
La petite hypocrite, avec son air pleureur,
Elle se croit déjà comtesse au fond du cœur,
Et pleurerait bien plus s'il fallait ne plus l'être;
Mais, au fait, comme on est tout ce qu'on peut paraître,
Voilà le comte noble et riche forcément;
S'il le niait lui-même, on lui dirait qu'il ment.
Girardot est ravi, plus encor que sa fille,
De voir tous les honneurs fondre sur sa famille;
Et l'ami Saint-Laurent, par-dessus le marché,
Pour sa petite part, n'est pas du tout fâché...

J'en conclus qu'il serait absurde et ridicule,

Quand on fait tant d'heureux, d'avoir aucun scrupule !

<small>A Périnet, qui entre.</small>

Ah !... me voici... je rentre...

SCÈNE V.

SAINT-LAURENT, PÉRINET.

PÉRINET.

Inutile...

SAINT-LAURENT.

Comment ?

PÉRINET.

Tous nos gens sont partis.

SAINT-LAURENT.

Partis !

PÉRINET.

Subitement.

SAINT-LAURENT.

Partis !

PÉRINET.

Ils n'en seront de retour que plus vite.

Vous-même aviez donné le signal de la fuite ;

Et dès lors le dîner, très-bon, mais ennuyeux,
Semblait plus triste encore et plus silencieux.
N'ayant pas un bon mot dans toute sa mémoire,
Girardot s'épuisait à nous verser à boire.
Tout à coup, regardant ma montre par hasard,
Je m'aperçois qu'il est sept heures moins un quart...
Je me lève, et, d'un ton solennel, je m'écrie :
Le plaisir doit-il faire oublier la patrie?...
A ce speech éloquent, dont je riais tout bas,
On s'émeut, on s'agite, on suspend le repas,
On part!... mais en jurant à Girardot, qui pleure,
De revenir ici, dans une demi-heure,
Fêter par mille toasts, jusqu'à demain matin,
L'élu qui va sortir triomphant du scrutin !

SAINT-LAURENT.

Bien... mais le Bourguignon?

PÉRINET.

Que voulez-vous qu'il dise?
Nous le délivrerons à la fin de la crise.
Le quiproquo ne vient ni de moi, ni de vous ;
Notre homme s'est trompé, tant pis... tant mieux pour nous.
Trente heures de repos lui sont très-nécessaires.
Tâchons, pendant ce temps, d'arranger nos affaires ;

Plus tard, tant bien que mal, on le consolera,

Et tout ce qu'on voudra qu'il croie, il le croira !

SAINT-LAURENT.

Diable ! mons Périnet, comme tu l'expédies !

Ce moyen est très-bon... mais dans les comédies.

Partout ailleurs je crois que l'on y serait pris.

Va racheter notre homme, et bien vite, à tout prix !

PÉRINET.

Hein ?

SAINT-LAURENT.

Quelques mille francs, que nous allons lui rendre,

Nous sauvent d'un danger dont il faut nous défendre.

Tiens... prends.

PÉRINET.

Quoi ! vous voulez ?...

SAINT-LAURENT.

Oui.

PÉRINET.

Sérieusement ?

SAINT-LAURENT.

Sans doute. Va... cours vite.

PÉRINET, à part.

Il baisse horriblement !

SAINT-LAURENT, à part.

Ah! madame d'Elmar!... vous espériez, cher ange,
Pouvoir ainsi...

SCÈNE VI.

SAINT-LAURENT, PÉRINET, LE COMTE DE ROSOY.

LE COMTE DE ROSOY.

Voilà le Bourguignon!

SAINT-LAURENT.

Qu'entends-je?

PÉRINET.

Impossible!

LE COMTE DE ROSOY.

Avec lui, Girardot va venir;
Je les ai vus... j'accours pour vous en prévenir.
Sauve qui peut!

SAINT-LAURENT.

Plaît-il?

LE COMTE DE ROSOY.

Si vous savez que faire,
Tant mieux! Pour moi, je pars... c'est plus sage.

SAINT-LAURENT.

Au contraire !
Fuir... parce qu'un manant, dont j'ignore le nom,
Se ligue contre nous avec quelque Simon !
Quand de payer pour lui j'avais la bonhomie,
Il se sauve gratis... c'est une économie !
Mon argent ! mon argent ! Et qu'on ne dise pas
Qu'il me faut, devant lui, reculer d'un seul pas.
Partez, si vous voulez... mais avec moi... non certe !
Je ne suis point de ceux qu'un danger déconcerte...
L'ennemi vient ? qu'il vienne ! et nous verrons beau jeu.

PÉRINET, à part.

J'avais tort... il remonte !...

SCÈNE VII.

SAINT-LAURENT, PÉRINET,
LE COMTE DE ROSOY, LECOMTE, GIRARDOT.

LECOMTE.

Eh ! les voilà, parbleu !
Ces excellents amis !

SAINT-LAURENT, à part.

Hein ?

LE COMTE DE ROSOY, à part.

Quoi?

PÉRINET, à part.

Que veut-il dire?

LECOMTE.

Ma foi, j'en ris encore, et vous allez tous rire...
D'abord, pour commencer par le commencement,
Vous voyez que j'ai pris mon parti bravement;
Du papa Girardot j'ai fait la connaissance...
Je me suis présenté tout seul... en votre absence.
J'ai bien fait, n'est-ce pas?

GIRARDOT.

Certainement... très-bien.
Mais, pardon, vous savez?...

SAINT-LAURENT, à part.

Allons, il ne sait rien.

GIRARDOT.

On m'attend, et je vais...

LECOMTE.

Fi donc! qu'on vous attende...
Mon histoire, avant tout, mérite qu'on l'entende.

GIRARDOT.

Mais...

LECOMTE.

Pour faire plaisir à l'ami Saint-Laurent.

SAINT-LAURENT.

Hein?

LECOMTE.

Vous voyez.

SAINT-LAURENT, à part.

Ah çà, qu'est-ce donc qui lui prend?
Haut.
Permettez... permettez...

LECOMTE.

Il s'agit de deux drôles
Qui voulaient m'attraper... mais j'ai changé les rôles.
Tantôt ils me tenaient... je les tiens, Dieu merci...
J'ai contre eux, dans mes mains, des preuves... que voici.

SAINT-LAURENT, à part.

Ciel!

LECOMTE.

Je puis, d'un seul mot, les perdre l'un et l'autre :
Mais je suis leur ami, comme je suis le vôtre...
Aussi j'aimerais mieux ne rien dire du tout.

GIRARDOT.

Alors, je puis..,

LECOMTE.

Non pas... écoutez jusqu'au bout...
Ces messieurs, j'en suis sûr, sont charmés de m'entendre,
N'est-ce pas?... Me voyant de force à me défendre,
Mes deux gaillards tremblaient... moi je riais tout bas
De leur mine allongée et de leur embarras;
Bien résolu, d'ailleurs, à ne pas lâcher prise
Sans avoir profité, pour moi, de leur surprise...
Comme je vous l'ai dit, ce matin, désirant
Vous être présenté par l'ami Saint-Laurent,
J'accourais à Corbeil... A peine suis-je en route,
Mon air provincial me trahissait sans doute,
Un jeune voyageur, très-aimable garçon,
Grand... comme Périnet... m'accoste, et, sans façon,
Par ses raisonnements fait si bien qu'il m'accroche
Quarante mille francs que j'avais dans ma poche.
En échange, il me donne une collection
De vieux papiers valant, dit-il, un million...
Bon homme que je suis, innocent et crédule,
Avec enchantement j'avalais la pilule,
Lorsqu'un malentendu, dont j'ai bien profité,
Me fait comprendre enfin toute la vérité...
On me trompait, monsieur, pour en tromper un autre;

ACTE III, SCÈNE VII.

Mettez-vous à ma place, et donnez-moi la vôtre ;
Et dites-moi s'il faut ménager les fripons
Dont...

SAINT-LAURENT, bas.

Pas un mot de plus!

LECOMTE, haut.

Dont nous nous occupons.
— On m'a pris mon argent, je veux qu'on me le rende!
Leur dis-je... en grossissant ma voix, pour qu'on m'entende...
Le digne homme qu'on trompe impitoyablement,
Pour me prêter main-forte était là justement...
La scène est assez bonne... on peut s'en rendre compte :
A gauche...

A Girardot.

A votre place, est le susdit Géronte;
A droite...

A Saint-Laurent et Périnet.

Absolument où sont ces deux messieurs,
Se trouvent mes farceurs qui me mangent des yeux;
Là-bas...

Au comte.

Restez, monsieur, restez, je vous en prie...
Est un élève en l'art de la friponnerie,

Paysan décrassé, grand seigneur de raccroc...
S'il n'était une dupe, il serait un escroc.
Grâce à tous leurs secrets, que j'ai pris soin de lire,
J'en sais contre eux autant... plus que je n'en veux dire.
Alors... sans remuer, plus que vous ne voyez,
Je tire de ma poche un rouleau de papiers...
Ce sont les actions... excellentes sans doute,
Dont m'a gratifié mon compagnon de route...
Puisque ces actions sont un si sûr trésor...
Reprenez-les, leur dis-je... et tout de suite encor !
Rendez-moi mon argent, je le veux, je l'exige...
Rendez-moi mon argent... ou je parle...

Girardot fait un mouvement.

Leur dis-je.

Ce qui ne laisse pas que d'être assez plaisant,
C'est que notre bonhomme est toujours là, présent...

A Girardot.

Comme vous... il a l'air de voir et n'y voit goutte ;
On parle devant lui, sans même qu'il s'en doute.
Mais si je me décide à lui tout expliquer,
S'il apprend que c'est lui dont on veut se moquer,
Il pourra bien trouver la chose assez mauvaise ;
Et... puisqu'on ne tient pas à ce que je me taise...

ACTE III, SCÈNE VII.

Puisque l'on ne veut pas m'empêcher de parler ;
Ma foi tant pis, je vais... j'allais tout révéler,
Quand un geste expressif de mon voisin de droite
M'avertit juste à temps d'une façon adroite,
Que l'ennemi, forcé de se rendre, se rend ;
Que n'ayant qu'un parti bon à prendre il le prend,
Et que mon pauvre argent, déjà hors de sa poche,
De la mienne, petit à petit, se rapproche...
Alors, pour protéger cette opération,
Je me retourne un peu, sans affectation...
Et quand je suis bien sûr qu'à nos ruses de guerre
Le plus intéressé ne s'intéresse guère,
Glissant derrière moi mes mains comme ceci,
Du susdit million, je me défais... ainsi.
Non... J'attends que d'abord on me rende en échange
Mes chers petits billets et mes lettres de change
Que voici... Regardez... qu'en pensez-vous, messieurs?
Le tour est assez bon...

GIRARDOT.

Il est délicieux...

LECOMTE, comptant.

Quarante mille francs... Je les tiens... et les garde !

SAINT-LAURENT, tirant sa montre.

Soit, mais il est...

LECOMTE, tirant sa montre.

Pardon, votre montre retarde,
Il est plus que cela... voyez... Ce n'est pas tout...
J'ai mon argent, bien! Mais... je désirais surtout
Empêcher mes gaillards de s'en aller...

SAINT-LAURENT.

Qu'entends-je?

LECOMTE.

Avec un peu d'adresse et d'aplomb tout s'arrange;
J'ai si bien manœuvré que, muets comme vous,
Sans souffler un seul mot, ils sont restés là tous...
Qu'en dites-vous?...

SAINT-LAURENT.

Je dis qu'à leur place...

LECOMTE.

A leur place
Vous n'eussiez pas osé me regarder en face;
Intérieurement vous eussiez enragé
C'est possible...

SAINT-LAURENT.

Mais...

LECOMTE.

Mais vous n'eussiez pas bougé !
Vous eussiez trop compris, comme ils l'ont su comprendre,
Que j'avais à mon tour une revanche à prendre,
Et que je la prenais, et que j'avais raison,
Et que je m'étais fort instruit dans ma prison...

PÉRINET, à part.

Ciel !

GIRARDOT.

Comment ?

LECOMTE.

Le grand mot est lâché !

SAINT-LAURENT, bas.

Misérable !

LECOMTE.

Nous pouvons maintenant jouer cartes sur table !
Oui, monsieur Girardot... dans ma prison... j'en sors ;
Comme un sot que je suis, ou que j'étais alors,
Pour l'un de ces messieurs, je m'y suis laissé mettre...

GIRARDOT.

Plaît-il?

SAINT-LAURENT.

Quoi! vous osez?

LECOMTE.

Ce n'est pas vrai peut-être?

SAINT-LAURENT, riant.

De mieux en mieux!... Ma foi, si c'est mal inventé,
C'est très-drôle du moins, et très-bien raconté!
Mais pour qu'on puisse croire à cette histoire bleue,
Elle sent un peu trop son Simon d'une lieue...

A Lecomte.

Restez... Vous souperez jusqu'au jour avec nous...
Et vous nous avoûrez, ce que nous savons tous,
Que ce damné Simon, ne sachant plus que faire,
Vous envoyait ici, pour...

LECOMTE.

Qui dit le contraire!
Certainement, je viens de sa part... en son nom.
Je l'estime beaucoup, moi... ce damné Simon!

PÉRINET, à part.

Diable!

LE COMTE DE ROSOY, à part.

Diable !

GIRARDOT.

Ainsi donc, c'est encor lui...

LECOMTE.

Sans doute.
C'est lui qui m'a chargé de leur barrer la route ;
De vous surprendre ici, de vous y retenir
Tous quatre... en attendant qu'il vienne... il va venir !

SAINT-LAURENT.

Hein !

LECOMTE, à tous.

Vous êtes pressés...

A Saint-Laurent.

Votre montre retarde,
Je le sais... Mais je dois vous garder... Je vous garde.
Et je vous garderai, par force ou par douceur...
Je suis le chien d'arrêt, et voici le chasseur !

SAINT-LAURENT.

De ce jeu ridicule à la fin je me lasse.

Simon paraît.

LECOMTE.

Je vous l'avais bien dit qu'il viendrait... Bonne chasse !

SCÈNE VIII.

SAINT-LAURENT, PÉRINET, LE COMTE DE ROSOY, LECOMTE, GIRARDOT, SIMON.

SAINT-LAURENT.

D'écouter des propos, pour le moins superflus,
Nous n'avons pas le temps, monsieur.

SIMON.

Ni moi, non plus!
Ainsi, dépêchons-nous.

A Girardot.

Qu'as-tu fait de ta fille?

GIRARDOT.

Ma fille!

SAINT-LAURENT.

Mais, monsieur...

SIMON.

Je suis de la famille.
Silence donc, messieurs!... Je parle à Girardot.
Vous aurez votre tour tous deux... tous trois bientôt.
Je dis, moi son parrain, presque son second père,

ACTE III, SCÈNE VIII.

Je dis que notre enfant pleure et se désespère,
Je dis qu'on ne peut pas la marier ainsi...

SAINT-LAURENT, *montrant la lettre d'Agathe.*

Sans son consentement, non certes... le voici !
Ce que vous nous contez est de l'histoire ancienne,
Et notre volonté ne force en rien la sienne.
Mademoiselle Agathe à tout a consenti.
Cette lettre le prouve.

SIMON.

Ah ! j'en ai donc menti...
Eh bien, lisez tout haut cette lettre qui prouve
L'estime et l'amitié que pour vous on éprouve ;

A Girardot.

Lisez-la... vous à qui votre fille l'écrit.
De vos bontés pour elle on y verra le fruit.
Lisez-la.

GIRARDOT.

Ciel ! partie !

SIMON.

Oui. Mais je réponds d'elle.
On l'a forcée à fuir la maison paternelle ;
Elle est chez moi... chez moi, qui la blâme, en effet,
De ne pas adorer un mari si parfait,

Et dis que Girardot a raison de prétendre
A l'honneur de payer très-cher un pareil gendre !
Député ! noble et riche... Ah ! je conviens, Messieurs,
Que vos piéges étaient dressés on ne peut mieux.
Député !

<small>Au comte de Rosoy.</small>

Vos amis ne valent pas les nôtres :
Vous avez eu deux voix, tout autant... moi, les autres.

SAINT-LAURENT.

Vous !

SIMON.

Je n'y pensais pas ce matin... mais depuis
L'exemple m'a tenté.

SAINT-LAURENT.

Vous êtes...

SIMON.

Je le suis !
On perd à ce jeu-là quelquefois quand on triche.
Faute de mieux, le comte est toujours noble et riche.

LECOMTE.

Très-riche ! Qui veut voir son trésor ?

<small>Montrant les actions.</small>

Le voilà !

SIMON.

Et maintenant, parlons de sa noblesse.

LECOMTE.

Oui-dà !

Je m'en charge.

LE COMTE DE ROSOY.

Monsieur !

LECOMTE.

Pardon... c'est mon affaire.
Je connais ses aïeux... c'est-à-dire son père !
Un brave homme qui croit que monsieur son cher fils
Travaille bravement pour bien vivre à Paris.
Un honnête fermier.

LE COMTE DE ROSOY.

Monsieur !

SIMON, à Girardot.

Écoute, écoute.

LECOMTE.

De son honnêteté vous rougissez sans doute.
Mais le père Lecomte est bien connu de tous.
C'est lui qui doit rougir et qui rougit de vous.
Je vous le dis... au nom de la famille entière ;

A Simon et à Girardot.

Dont le drôle se moque autant que de son père ;
En mon nom, car je suis, et c'est flatteur, morbleu !
Je suis son oncle.

SAINT-LAURENT.

Vous !

LE COMTE DE ROSOY.

Vous !

LECOMTE.

Un peu, mon neveu !
Jacques Lecomte.

LE COMTE DE ROSOY.

O ciel !

LECOMTE.

Cette reconnaissance
Est assez agréable après dix ans d'absence.
Vous ne m'attendiez pas... C'est cependant bien moi :
Lecomte... de Rosoy... c'est-à-dire à Rosoy !
Fermier... nous sommes tous fermiers dans la famille.

A Girardot.

Si vous voulez encor de lui pour votre fille,
Prenez-le... moi je pars...

Au comte.

Tu te perds à Paris ;

Plus de noblesse... en route et retourne au pays.
En attendant, hier, on m'a fermé ta porte ;
Drôle, par celle-ci que le diable t'emporte !
Va-t'en.

SIMON.

Pardon, Messieurs, c'est dangereux, je crois.
La maison est cernée... et très-bien, cette fois.
<small>Montrant la fenêtre.</small>
Si pourtant vous vouliez... quand on n'est pas le maître
De sortir par la porte... on sort par la fenêtre.
N'est-ce pas, Périnet?... J'aime assez ce moyen ;
C'est le seul qui vous reste, onze pieds ! Moins que rien !

LECOMTE.

Bon voyage, Messieurs.

GIRARDOT.

Et que le ciel nous garde
De...

SAINT-LAURENT, à Lecomte.

Vous êtes bien sûr que ma montre retarde ?
N'est-il pas vrai...?

LECOMTE.

Très-sûr.

SAINT-LAURENT.

Voyons.

LECOMTE, tirant sa montre.

Voyez.

SAINT-LAURENT.

Merci.

A Simon, montrant la porte.

Je préfère, Monsieur, m'en aller par ici.

SIMON.

C'est aisé, mais je crains...

SAINT-LAURENT.

Moi, je ne crains personne.
Huit heures vont sonner. Oui, la pendule sonne.

A Lecomte.

Votre montre va bien. Tout le monde l'entend.
Le soleil s'est couché... je vais en faire autant.

Il sort avec Périnet et le comte.

SCÈNE IX.

LECOMTE, SIMON, GIRARDOT, puis ANNETTE.

GIRARDOT.

Ah! mes drôles!

SIMON.

Bravo! c'est de très-bonne guerre.

ACTE III, SCÈNE IX.

A ce qui les attend ils ne s'attendent guère.

GIRARDOT.

Comment ?

SIMON.

A ma justice ils échappent, oui, mais
Celle qui veille en bas ne se couche jamais.
Le Saint-Laurent aura de fiers comptes à rendre.

ANNETTE, annonçant.

Messieurs... Monsieur Simon...

GIRARDOT.

Pour le coup, c'est mon gendre !

SIMON.

Bien dit. Mon brave fils ! Allons le recevoir.

A Lecomte.

Vous venez avec nous ?

LECOMTE.

Non pas... je pars ce soir...
Chez votre successeur je vais porter ma somme,
Et de là... Vous croyez que c'est un honnête homme ?

SIMON.

Lui !

LECOMTE.

C'est que, voyez-vous, dans ce maudit pays...

SIMON.

Nous sommes à Corbeil.

LECOMTE.

C'est bien près de Paris. Adieu ! Votre leçon est bonne.

SIMON.

Je l'espère.

LECOMTE.

Mon fils sera fermier.

SIMON.

Fermier ?

LECOMTE.

Comme son père !

FIN DE LA CHASSE AUX FRIPONS.

TABLE

DU TOME PREMIER.

LE FRUIT DÉFENDU 1

LES ENNEMIS DE LA MAISON 137

LA CHASSE AUX FRIPONS 251

PARIS. — IMPRIMERIE DE J. CLAYE, RUE SAINT-BENOIT, 7.

www.ingramcontent.com/pod-product-compliance
Lightning Source LLC
Chambersburg PA
CBHW060604170426
43201CB00009B/894